走进上方

何恃坚　潘爱娟　主编

文匯出版社

图书在版编目（ＣＩＰ）数据

走进上方 / 何恃坚 , 潘爱娟主编 . -- 上海 : 文汇
出版社 , 2023.8
ISBN 978-7-5496-4101-7

Ⅰ . ①走… Ⅱ . ①何… ②潘… Ⅲ . ①村史—义乌
Ⅳ . ① K295.55

中国国家版本馆 CIP 数据核字 (2023) 第 149214 号

走进上方

主　　编 / 何恃坚　潘爱娟
责任编辑 / 熊　勇

出版发行 / 文匯出版社
　　　　　上海市威海路 755 号
　　　　　（邮政编码 200041）
印刷装订 / 成都兴怡包装装潢有限公司
版　　次 / 2023 年 8 月第 1 版
印　　次 / 2023 年 8 月第 1 次印刷
开　　本 / 710×1000　1/16
字　　数 / 250 千
印　　张 / 15.25

ISBN 978-7-5496-4101-7
定　　价 / 69.00 元

《走进上方》编纂委员会

主　　任：楼志军

副 主 任：成庆华

主　　编：何恃坚　潘爱娟

编　　委：万扬华　吴晓岗　陈　艺

　　　　　吴　昀　刘俊义　缪晨昊

　　　　　吕晓成　朱丽青　陈翠英

　　　　　方鸿程　方华弟

图片编辑：吴优赛　吴江鸣

栏目编辑：历史沿革　何恃坚

　　　　　红色上方　许庆军

　　　　　人物风流　刘俊义

　　　　　古建遗韵　陈金花

　　　　　古村胜景　王锦豪

　　　　　故乡情怀　梅海东

　　　　　民俗风情　潘爱娟

　　　　　美食特产　潘爱娟

　　　　　乡间轶闻　王锦豪

　　　　　商踪掠影　黄　选

序

后宅街道位于义乌市西北部，与浦江县相接壤，总面积 68 平方公里，被誉为义乌"正门厅"和"后花园"，是浙中"宜居宜业、宜游宜商"的一方沃土。

后宅街道辖区内自然资源丰富，峰峦稠叠、山翠水碧、风光旖旎、胜景天然，人文底蕴厚重，是义乌文化的发源地。位于街道西北的德胜岩，因山峦稠叠又称稠岩，唐武德四年义乌称稠州，就由此岩得名。以德胜岩、黄檗山两个区块为依托，以独特的峰岩景观和丰富的宗教文化为特色，于 2014 年获批省级森林公园，街道山林绿化覆盖率达 51%，犹如一个"自然氧吧"，幸福水库、岭口水库点缀其中，洪巡溪、心安溪相互交织，纪念宋兵部侍郎胡则的赫灵行庙、净居寺、乌龙殿、西崮寺等庭院寺院历史悠久，传承着农民画、踩高跷、迎龙灯、剪纸、斗牛等丰富的民间艺术，拥有豆腐皮、牛杂汤、烧饼、酿酒等一批地方特色饮食，保存着塘下、李祖、上方等古村落群及全国文保单位方大宗祠等古建筑，"德胜古韵"精品线日益完善，展露出迷人的"芳容"，吸引了八方游客前来观光旅游。

后宅街道是区位优越、交通发达的活力新城。铁路义乌站、高速义乌口、民航机场，一个个交通枢纽在后宅落子布阵，杭长高铁、杭金衢高速、义东高速，一条条重要干线在后宅穿境而过，03 省道、义浦公路、机场路、宗泽路、城北路、商城大道、环城北路，一条条快车道在后宅纵横交错，金义东城际轨道、杭温高铁、金甬铁路等加速建设，全方位立体交通网络已经形成，将成为浙中乃至全省交通最为便利发达的高铁枢纽。

后宅更是乡风淳朴、乡风文明的创业热土。深远厚重的地域文化已经转为经济的优势、竞争的实力、发展的动力，近年来，街道坚持以一流的营商服务环境，引导企业加快传统产业改造升级，提高科技创新水平，实现从"环境美"到"发展美"，从"一时美"到"长久美"转变，吸引着越来越多的市内外客商前来投资创业。

浙江省第十五次党代会提出，"红色根脉"蕴含着党的初心使命，蕴含着以伟大自我革命引领伟大社会革命的基因密码，是浙江精神之源、使命之源、力量之源。后宅的红色基因同样十分深厚，上方村作为"德胜古韵"精品线上的一颗明珠，同时也是孕育了"红色双杰"的革命老区村，牢牢抓住美丽乡村建设的大好时机，在赓续红色血脉、传承红色力量方面做足文章，因地制宜摸索出一条红色文旅振兴的道路，成为街道红色教育的一张金名片。

讲好上方故事，传承红色基因，擦亮乡村文旅品牌，《走进上方》一书的出版，不仅让人感受到后宅厚重的文化积淀和澎湃的文化活力，更让人看到"义乌北大门"所代表的文化历史方位，让世界与义乌在这里交汇，让传统与现代在这里交融，让红色精神代代相传，让信仰之火生生不息。

后宅街道党工委书记
后宅街道办事处主任
2023 年 3 月

目 录

历史沿革

2 \ 走进上方

红色上方

22 \ 红色上方"红色基调"

25 \ 流淌在红色上方的故事

28 \ 革命路上的带头人

30 \ 带着血色穿云破雾

32 \ 红色灼灼党旗飘飘

35 \ 红色文化宣讲员

38 \ 文学之花上方开

人物风流

44 \ 清正平和方文彬

46 \ 德高望重方清沛

49 \ 亦文亦武方聚星

52 \ 矢志不渝方城顺

58 \ 誓言无悔方元永

62 \ 德才兼备方元超

古建遗韵

68 \ 五常堂：兄弟同心兴家业

74 \ 清代围屋：守望历史展遗韵

77 \ 香安桥：袖珍古桥越百年

80 \ 镇圣殿：香火袅袅数百年

82 \ 遗安堂：精美古厅葬火海

84 \ 方氏宗祠：凤凰涅槃展雄姿

90 \ 胡相公庙：为民造福受崇敬

古村胜景

94 \ 古樟映照情悠悠

97 \ 香安桥上话黄梅

101\ 巍巍挺立五指山

104\ 神秘莫测天宫山

107\ 百看不厌元宝山

110\ 坚忍的文山松树

113\ 徒步健身麻山行

故乡情怀

118\ 童年的回忆

123\ 忆香溪童年

126\ 过农村平民生活

128 \ 小村昔日的碎片

130 \ 此心安处是吾乡

133 \ 故乡小溪

138 \ 家乡情思

141 \ 坚守老屋

民俗风情

146 \ 迎龙灯来闹元宵

150 \ 十响滩簧锣鼓班

153 \ 粽叶飘香品端午

156 \ 九月初九话重阳

159 \ 上方水车故事多

162 \ 修桥铺路行善事

美食特产

166 \ 上方杨梅红遍山

169 \ 风味独特上方枣

172 \ 清脆香甜山花梨

175 \ 爽滑可口说索粉

178 \ 香醇浑厚农家酒

181 \ 葱香味浓说肉饼

184 \ 十塘九藕荷飘香

乡间轶闻

190 \ 上方地名的来历

193 \ 方氏三迁居上方

196 \ 通钦公和白羊山

198 \ 方兴楼隐逸朝市

200 \ 白羊山的由来

202 \ 靠山"生反"的故事

商踪掠影

206 \ 兄弟齐心 点"砖"成金

210 \ 从养蜂人到乡村共富带头人

215 \ 村子里的"做花郎"

217 \ 山沟沟里走出来的弄潮儿

220 \ 我与"义新欧"有个约定

226 \ 后记

历史沿革

从义乌城区一路向北，在青山林海的掩映下，一个花园式的美丽村庄渐渐浮现于眼前：花草树木簇拥的村宅、景色秀丽的农民休闲广场、连绵起伏的高效经济林，展露着这个有着八百多年历史的古老村庄在新时代之下的全新风貌。

然而上方的风华怎会仅仅如此，惟有走进，才能品味它是七彩的，绚烂而厚重。

走进上方

何恃坚

上方，一片神奇的土地，一方涌动的热土。

初识上方，它是古色的，淳朴而淡雅；再识上方，它是红色的，勇毅而前行；走进上方，它是七彩的，绚烂而厚重。

一

上方是一片风光旖旎、古朴典雅的栖息地。

每一处地名的由来，都值得细细品味。上方，一个雅致的名字，因地形而得名，镌刻着农耕时代温柔典雅的印记。据《义乌地名志》记载：始祖姓方，村坐落于山坡上，故名。

上方村地处义乌市后宅街道西部，距街道所在地5公里，现为方塘村下辖的一个自然村。郁郁葱葱的麻山、元宝山、后山、金光山、山坞塘、五饱山、馒头山等群山环绕，山脉之间散落着田畴丘陵，纵横交错。每当雨过天晴，四周云雾缥缈，山峰若隐若现，恍若人间仙境。

一条源自天公山，因嵩头陀建香山寺而闻名于世的香溪之水，像一条带着灵性的玉带，蜿蜒飘荡在青山、田园之间，数百年来经流不息穿村而过，不仅滋润着农田，供给着村民生活，更成为孩子们夏天的水上乐园，欢声笑语和着潺潺流水声久久回荡在山野。

古时的上方村，虽然四面环岭（香山岭、雪封岭、戚宅岭、步墟岭、乌灶岭、

根据文献记载：上方村约始于南宋庆元年间（1195—1200），距今已有800多年的悠久历史。川塘村名土方文彬，字君文。读书甘苦，性淡泊，既以经义科，应浙漕免解进士。这一事实，在古代的《义乌县志》里，就有明确、清楚的记录。文彬公是上方村的始迁之祖。

文彬公虽然有出身，但他平时喜欢闭门写书，如同一位寒门书生。

有人劝他去做官，他说："做官是为了实现抱负啊。只要志向实现了，还在乎那点俸禄吗？"文彬公为人性格坦诚、随和，没有城府，大家在一起，如同一家人一样。

别人都羡慕文彬公祖传的家私多，但一分三之后，剩下的就很少了。当有人向文彬公借贷时，他就从家里拿。别人劝他："你应该为子孙打算，不应出手。"文彬公解释说："世上之人多喜欢为后代子孙做牛做马，但最后多是不肖子孙得到好处。不如多做好事，多积功德。"

文彬公对功名富贵的见识和心胸，竟然与普通人如此不同，因此，他是古时候义乌地方上公认的一位品德高尚的贤士。他的认识和觉悟摆脱对今天来说，也是非常了不起的，这也是方氏家族宝贵的思想财富和精神遗产。

上方村区位图　　《义乌县志》记载的方文彬

文彬公育有三子，其中长子叫方渥〔（1210—？），字国济〕，次子叫方岳〔（1213—？），字国望〕。两兄弟因对父亲一生怀才不遇的不满，所以，不肯去读书出仕，而喜欢做一些买卖，其中有一句意愿经，是这样念的："在什么土地上，种植什么作物，要谨慎；在低洼之处要多种植；收获粮食的农时到了，自己要走在用人帮工的前面。"（原文："度土宜谨，潴洿广树；蓄时艺获，身先佣保。"）由于经营有术得力，家庭很快地富裕了起来。

到了冬天农闲时候，两兄弟取出父亲留下的书籍和文稿，读读边喝酒，作为娱乐。同时，也写几篇诗文，助为雅兴，其中有一首诗，是方岳写的，诗名叫《咏杨梅》。

咏杨梅

五月梅晴暑正样，杨家亦有果堪攀；
雪融火齐细味冷，柔起丹砂鹤顶斑。
并与文园消午渴，不禁越女笑春山；
略如荔子仍同枝，直恐前身是阿环。

从诗中描述的景物来看，上方村和周边地区，当时都曾种有杨梅，"五月梅晴暑正样，杨家亦有果堪攀"。当然，由于年岁实在太久远，杨梅的种植也几经盛衰兴亡。今天的杨梅，是裔孙方华弟在数年前，经浙江大学对本村的土壤分析之后，重新选种补种的。如今，上方村的杨梅不但种植广、产量高，而且，品质也更加优良。而上方村杨梅种植，不但是弘扬了祖德，而且也找到了一条致富新路，对开发农业旅游观光也有很大利用价值，得到了上级领导的肯定和好评。

有了一定的经济基础之后，两兄弟就开始选佳地，谋划起华堂、建新居。上方村的里宅为方渥所建，外宅为方岳所营，所以，今天的上方方氏子孙共分二支，方渥是上方村里宅之始祖，方岳是上方村外宅之始祖。

上方始祖方文彬　　　　　　　　　上方里宅外宅始祖

尖头岭、大岭、蜂降岭、团簸岭、将军岭），有"九岩十岭"之说，交通极为不便，但也是浦江到金华的必经之地。溪南岸是一条浦江、义乌后宅等地群众到东河集市的大路，每逢东河市日，赶集的人们络绎不绝地穿过上方。

小桥流水人家是江南韵味，上方村中一棵百年古樟见证着昨天的辉煌历史，白墙黛瓦的老屋装满着传奇的故事。

上方村分里宅、外宅，始于南宋庆元年间（1195—1200）。据载：川塘方氏，乌伤之名门望族也。方文彬，字君文，读书甘苦，性淡泊。既以经义科，应浙漕免解进士。长子叫方渥，次子叫方岳，兄弟俩因父亲一生怀才不遇，故

五常堂

而不愿读书求仕，学起陶朱公潜心经营，家境也就慢慢地富裕起来，有了一定的经济基础之后，两兄弟就开始选佳址，谋划起华堂、建新居，誉满乡邻。方渥是里宅之始祖，方岳是外宅之始祖。

古建悠悠，历史苍茫。沿着村落一条鹅卵石砌的古道漫步，随处可见古建遗迹，仿佛穿越时空与古人对话，在陈年旧事中感受古风神韵，领略古建艺术的独特魅力。

五常堂，又名进士第，俗称重檐楼下厅，由武进士方聚星兄弟五人建于清同治末年，是上方村保存最为完整的恢宏建筑，坐北朝南，占地面积1092.70平方米，分上下两层，内有左右厢房各十间。主体正厅中间屋顶木质横梁上雕刻着各种花鸟鱼兽，不但雕工精细，栩栩如生，且鱼兽多为勇猛神态，正厅通往两侧厢房的门与大门一样呈现顶部弧形，并镶画有青灰色边框，充分展示出方氏族人崇文尚武、耕读传家的风貌，蕴藏着方氏后裔的勤劳与智慧。

进士第前原有一堵照壁，还有一块旗杆石。据说，文官到此要下轿，武官到此须下马。现荡然无存，但门前"藏"着一座义乌为数不多的袖珍古桥却声名远扬，列入文保点。

香安桥建于清光绪甲申年（1884），南北横跨香溪之上，为单孔石拱桥，全长2.35米，桥面宽1.56米，用4块条石，并列铺设，虽小巧玲珑，但桥耳朵、桥心石、拱券石、引桥应有尽有，桥面窄小，两三个人并行就满满当当，三四步即可跨过，因此当地人又称其"三步桥"。而桥取名"香安"，当是有感于清沛公殉于国难，进士公际遇不公而发，是寄希望于后世子孙能够摆脱苦难，平安、顺利的祝福。

上方最早的厅堂名遗安堂，又叫旧厅，据传是从后门塘前面移迁于现址，但年代无考，原有大厅三间，梁大柱粗，结构严谨，画栋雕梁，造型美观，依稀传递着主人昔日的殷实和富庶，不慎于1952年农历十月十六日深夜失火烧焚。

清代围屋是义乌民居中的精华之作，系四合院式建筑，采用天井院的形式，体现"天人合一"的居住理念。上方村围屋内的房屋保存较完好，有近6000平方米，大大小小140多间房子，规模档次堪称"义乌一绝"。以前延续下来分别叫里门堂、小八门堂、中元老屋、锦奎门堂等，走动方便，下雨天可穿布鞋，也不用带雨伞、戴笠帽。由于风格相同、结构相同，外村人进

围屋一角

村有时会失去方向，犹如进入迷宫，现已处在新居包围之中，感觉历史与现代在眼前交错流转。

村旁有古庙，名镇圣殿，大殿三间，规模不大，但年代久远，新中国成立后佛像被毁。庙之东五六十米处曾是方氏宗祠古址，后因规模狭窄、潮湿，于明嘉靖年间徙迁于塘下现址。

"七厅五堂九门栏，九级踏步五石桥。"宗祠是供奉祖先神主、进行祭祀的场所，被视为宗族的象征，如今呈现在世人面前的是光绪二十二年（1896）建成的方大宗祠，占地约2000平方米，气势恢宏，建造考究，风采独特，分三进两廊一花厅三个院落，大门两侧摆放着一对神态威武的石狮，祠堂里铺满了青石地板，屋宇上飞檐吊角、镂空雕花，古韵浓郁。

"稠岭垂青依山作障，川塘含碧饮水思源。""系出中州元戎世胄，迁由北宋处士家风"，抚摸着祠堂的一根根楹柱，一股怀古之情滋生在心头。光绪末年，曾在此创办稠川学堂，后改名为塘李小学，培育了不少人才。

古堂、古桥与桥下流水、田园秀美风光交相辉映，似乎在不尽地诉说着这里的沧桑岁月。

上方村在清乾隆五十年（1785）为永宁乡十三都；清咸丰十一年（1861）为北乡；民国八年（1919）隶属第五督导区永宁乡；1945年9月，隶属第四指导区岩南乡；1950年4月，成立上方农会，隶属义北区岩南乡；同年8月，成立上方村政委员会，隶属塘李乡政府；1956年2月，隶属义北区塘李乡人委；1958年10月，实行人民公社化，成立上方生产队，隶属后宅人民公社塘李大队（管理区）；1962年1月，改为上方生产大队管理委员会，隶属后宅区塘李公社管理委员会；1965年，隶属城阳区塘李公社管理委员会；1970年4月，改成上方大队革命领导小组；1979年3月18日，改回上方生产大队管委会；1983年9月，改为上方行政村，隶属城阳区塘李乡政府。10月，成立上方村民委员会；1992年5月，隶属后宅镇；2001年3月，隶属后宅街道办事处；2018年，上方、塘下、黄宅、倪村、杨畈田合并为方塘村，属于后宅街道塘李共建委。目前，上方村共有住户356户，人口826人，中

上方村古建群（航拍）

共党员 26 人，4 个村民小组，村民代表 12 人，总耕地面积 700 余亩。

喧嚣归于宁静，唯有香溪依然，上方村向人们展现着江南村落独有的魅力。

二

上方是一片耕读传家、明理树德的红土地。

一方水土滋养一方百姓，每一个村落的背后都蕴含一段传奇，浓缩着智慧的精华。

上方村具有勤耕耘，苦读书，唯仁厚，尚节俭，诚信宽容，清廉守正，刚正勇为的传统家风，故能人辈出，群星灿烂，文脉绵远。

据《川塘方氏簪缨录》，宋朝有奉承郎方伯恭、上虞县教谕方伯高、学录方文蔚、嘉定癸未进士司户参军方应龙、淳祐京学录方忻、大学士方城。元朝有无锡学录方有成、至元温州路税副使方泽之、绍兴山阴录税大使方孜荣、义乌县税副使方荣祖、大德处州学录方大节、婺州路学录方茂。明朝有东阳县儒学教谕方宏道、桂阳同知方琦、九江湖口县河泊大使方元德、翰林院编修方叔衡、山西闻喜县丞方思立、福建太宁县主簿方守中、昭勇守备方日降、山东莱州教授方守身、布政司知印方守维、广东新宁县望高司巡宰方守绅、碣石卫把总方守纪、吏部籍勋司方世期、游击参将方日寿、太医院吏

川塘方氏簪缨录

方氏家规辑要

目方子善、天启守备方伯麒、两淮盐运使司盐法道方伯策、定海关中军都司方天龙、觉华菊花岛千总方天凤、定海把总方文虎、上海县丞方时馨、旅顺营游击将军署都指挥事方文勤、广州府海阳县知县方文渊、山海关守备方应象、江西饶州府同知方志尹。清朝有户部江西吏司主事方时章、福建副总兵方文燮、太医院吏目方有哲、主簿方纯粹，振威将军方清沛、方庆汉、刑部江西司主事方绍伦、钦恤云骑尉方庆潞、貤赠奉政大夫刑部河南司主事加二级方绍绩、咸丰丙辰进士福山镇标右营常昭城守都司钦加总兵衔加三级赏戴花翎方耀建、松江张宅汛把总倅先守备方耀涛、例授千总方耀远、咸丰衢州守备方耀高、例授千总方耀超、台州府仙居县儒学正堂方城宝、江苏候补县丞方城菊、承袭云骑尉方城凤、直隶州用加知府衔赏戴花翎方民台等。

方文彬是上方村的始迁之祖，自幼聪慧且勤奋好学、读书刻苦，为宋科浙漕进士，其一生生性淡泊，只愿在乡野之间著书立说，教化乡民，不愿出仕，是当地公认的一位品德高尚的贤士。别人都羡慕祖传的家私多，但一分三之后，剩下的就很少了。当有人向文彬借贷时，他就从家里拿。别人劝他："你应该为子孙打算，不应出手。"文彬解释说："世上之人多喜欢为后代子孙做牛做马，但最后多是不肖子孙得到好处。不如多做好事，多积功德。"

元末明初史赞"修身治家，井井可法"的方明显，为人笃学不倦，见善唯恐不及；居家持大体，肃纪纲，以训后人；恭承伯父命，续修完成明洪武十年（1377）版的《方氏家谱》。后经宋濂的推荐，以"茂才"身份召入京师（今南京），预教读明太祖亲自撰定的《大诰》，考评称职。

清朝后期出了一位太学生方清沛，从小聪慧，孝敬双亲，友爱诸弟，能认真负责做好自己的本分之事；经理家务，无不井井有条，内外无闲言；重农养畜，使一家老少各有执业。正因其德高望重，乐善好施，故族中暨乡邻，倘若有纷争就赴诉于他，清沛为之准情酌理，判断是非，折以片言，最后众人无不慑服。

清咸丰六年（1856）考中武进士的方聚星，为官三十六年，官至福山镇标右营、常昭城守都司，钦加总镇衔、加三级，记录五次，赏戴花翎。因治军严明，与士卒同甘苦，有古时吴起国士之风。晚清重臣翁同龢曾为方聚星夫妇作《六十双寿序》，赞曰："海鹤姿清，寿麋乐洽；高风企乎梁孟，仙偶媲乎刘樊。策杖看花，喜春光之正媚；捧觞舞彩，幸爱日之方长。"

翻阅宗谱，发现列传的先贤层出不穷，其中古代秀才以上学子载有：明邑庠生方有彩，明增广生方起鹏，明太学生方起予、方起凡；清邑庠生方起阜、方克类、方克显、方克貊、方清才、方会川、方会第、方耀远、方耀超、方耀秩、方耀高；太学生方仲弟、方庆汉、方庆渒；咸丰乙卯进士方耀建等。

上方村也是一片培育英雄的热土，有着光荣革命历史和革命传统，一个个平凡的个体熠熠生辉，一个个普通的群体气吞山河，镌刻着深深的红色印记，始终书写着敢为人先、不畏牺牲的篇章。

到了近代，上方村继续精彩不断，高潮迭起，有民国陆军第四十五师二百六十八团副团长方文灿、民国陆军第四十五师第四团少校团副方文耀等。在波澜壮阔的革命斗争时期，这里走出了被称为助燃义乌"星星之火"的"红色双杰"方元永、方城顺，他们为中国革命所立下的功勋永载史册。

方元永是最早在义乌本地从事革命活动的中共党员之一，1926年春加入了中国共产党。遵照中共杭州地委指示，回到义乌县东河乡香山小学以教

方城顺　　　　　　　　　　　　　方元永

员身份为掩护，与共产党员丁有容、马新超成立国民党义乌县第一个区分部，成了国共合作义乌的第一批人。1927 年 2 月，主编创刊《乌喊报》，以石印出版，共刊出两期，是义乌首份革命报刊，起到了动员革命舆论的作用。抗日战争开始后，方元永回到上方村，在村内办民众夜校，宣传抗日，积极进行抗战活动。

　　方城顺，1927 年参加共产党，被中共浙江省委委派回义乌开展恢复党组织的活动，在前洪村发展吴溶品等人入党，建立了义乌历史上第一个党支部——中共前洪村支部，随后又成立了王前山、山口傅、柳村、畈田朱、上方村等党支部。抗战开始后，方城顺从杭州回到义乌，一边教书，一边宣传抗日救亡工作。抗美援朝时，他曾带头"捐飞机大炮"，送子参军。新中国成立后，曾担任义乌县第三、四、五、六、七、八各届人民代表大会的代表。

　　红色上方，也因他们更精彩。

　　一江香溪水，滋养了诸多风云人物。如今上方人，在耕读家风传承中不断自我加压，摇身一变成为远近闻名的"博士村"，拥有硕士、博士、博导、教授等头衔的不计其数。其中有浙江省教育厅副巡视员方天禄，华中科技大

学教授、博导、能源与动力工程学院副院长、美国劳伦斯伯克利国家实验室博士后方海生，上海交通大学医学院附属精神卫生中心从事神经科学研究工作的博士刘旭，先后在微软亚太科技有限公司和百度（中国）有限公司担

任软件开发高级工程师的方喆然，美国 TranSystems 公司副总裁、工学博士黄健，中兴通讯南京研究所、南京中兴软创科技股份有限公司历任高级软件工程师、首席软件工程师博士方忠，浙江师范大学和澳门科技大学硕士、现任金义都市管委会副主任方兴木，浙江省最大的甲级建筑研究院工作的高级工程师博士方韬，参与多项省部级科研项目、浙江大学医学院附属口腔医院牙周科主治医师戚刚刚，任职加拿大保温新材料公司项目工程师、博士方国平，现任福田街道人大工委主任方立标，义乌市中心医院放射科主任医师方

权，义乌中学高级数学教师、获团中央"五四"纪念章及浙江省为人师表优秀教师称号黄关汉，上方村走出去的第一个大学生方国荣，"义新欧"原运营单位——义乌市天盟实业投资有限公司副总经理方旭东，现任宁波市公安局江北分局副局长、党委委员、情报指挥中心主任的方国忠；上海音乐学院音乐剧声乐研究生方书剑，先后师从浙江音乐学院声歌系副教授、硕士生导师、上海音乐学院在读博士生金瑶，以及著名歌唱家、声乐教育家、上海音乐学院声歌系主任、教授、博士生导师方琼；农村优秀党员、党员致富标兵、

义乌市人大代表方明生，致富能人方华弟……各行各业涌现出的英才不计其数，村民引以为豪的乡贤还有很多很多。由于时间紧，信息无法传达到位，来不及一一统计，遗漏之处敬请谅解。

最美的风景是人，香溪悠悠，千年不绝。

三

上方是一片共同富裕、未来乡村的先行地。

上方村遍地皆景，各具亮点，迷人的田园风光，最有乡村风貌，处处洋溢着"桃花源"般的坦荡、精美，浓缩了灿烂的历史、地域文化的精华，让人久久难以忘怀。

上方，一个特产享有盛誉的地方。

上方村村口石碑

传承红色基因 革命老区巡礼

后宅上方村——义乌红色的起点

方元永

义乌本地从事革命活动的第一位共产党人
主编义乌第一份革命刊物

校任教并参加共产党的义乌籍人士赵少东、受国江省党部中共党组书记潘念之的帮助,从杭州回义乌进行活动,组建与方元永等人联络,研究。12月,在酒陆圆桌学习圆曲孟念宽家成立中共义乌早圆圆国联络处,对外通称密饭的代号为"裘当南",鱼贯人是盘军头,表圆杭州地区紧张。

1927年2月,方元永主编的《义乌报》创刊了《四联需新主义》,倡用文言,土整革命基因列圆圆属,起草圆圆烈悉战略略的治治纲,揭振以反圆例,兴行明周此,义乌宪国成本革命报报。

1927年1月,道半生派携属小学教师为城解及杭州城头长会工会作属圆学成圆学生子,在学习期间,方道顺山季出本。季外考办特参加出本,义乌会会已有共产党员12名。

华青/文 吴优秀 华青/摄

上方村地处义乌市后宅街道的西部。村内山清水秀,三面临山,香溪环院,田畴丘陵,纵横交错。据文献记载,上方村约始于南宋庆元年间(1195-1200年),距今已有800多年的历史。古时起,上方村就以物产丰富,村民安居乐业、丰衣足食而闻名,村内有雕梁画栋,楚檐有斗,循仁厚,尚节俭,诚信笃实,清廉守正,刚正勇力的家风民风,且十分重视教育,历代能人辈出。

上方村更是一片有着光荣革命历史和革命传统的红土地。在革命战争时期,涌现出第一位在义乌本地从事革命活动的共产党员方元永,第一位在义乌进行党建活动的革命先辈方城顺。古时起,上方村就以物产丰富而闻名,村民安居乐业丰衣足食,到了20世纪一二十年代,在雄厚的经济发展和浓厚的文化熏陶的义乌革命斗争史上,写下浓墨重彩的一笔。

方城顺

在义乌从事党建第一人
领导建立义乌第一个党支部

1928年2月,方城顺赴杭州,向中共浙江省委汇报义乌党组织的发展情况,浙江省委委任他为奉建义乌县委的负责人,指示他加义乌县建设党支部,指示他积极发展组织,完备县委的领导机构。

1928年4月,方城顺建立上方村党支部,支部书记方元永,5月,方城顺任中共党员有被指,取得把农事标语张贴会公益生要交通圆江事的圆圆,公开宣组共产党的旗样。民圆长制内党的内容者为,不久一连上有食圆闻名,在社圆凤城的城圆圆闻名。

1928年10月,义乌共在基层党支数15个,党员98名,第一批新江党支部的建立,为成立中国义乌县委奠定了坚实的组织基础。

1930年7月,方元任遭圆被捕,方城顺被捕,后破判刑期徒刑二年。1937年抗日战争全面爆发,方城顺出狱圆,一道事头,一道从事红工事业,他把家庭作为区委机关,成立临时任支部,义乌党员联合,他曾带的第八庄医务委员工作,抗美援朝时,他曾头"抗美援助大圆圆"。这了解解,新中国成立后,方城顺积极参加的各个角落,他婉让圆摩恢在义马人的的民事间上得到圆圆历圆,笑让先辈前人,珍惜者之不易的新中国。

上方村香安亭

上方村小

上方村文化礼堂

上方村小景

百年古村 薪火相传

革命之路道路且长,以方元永和方城顺为代表的辈辈中共党员,为中国革命做出后继,美勇相承,谱写了可歌可泣的比西特赞篇,他们为奉命作出的贡献,永载史册。

岁月无情,可以磨灭,义乌的奋斗争风起云涌,而此道循子了新的一页,他们让革命圣火,点燃了义乌,但灿的红色血脉,在上方村已放了烈的圆,我小时候讲故事听听义家亲,四爷爷对我人很舒家,口才也很好,由于方元永等大经常流东河,上藏、梯树,后听,村里每进行革命,在集市上,方爷爷就经常地发,圆年已经65岁的方学事,这红色历史圆圆家乡,他说,就农在上方村,像他这个一样多过去的事,让人多,受鼓励,我的亲前父方之毛,担任过地下党交通员,还也让上方村情报站的站长,"今年已经65岁的方学事,这红色历史圆记录在,地说,就农在上方村,像他这个一样多过去的故,让人多,受鼓励,让人活在义马人的,所以村内有丰富厚的红色文化资源。

近年来,上方村不断挖掘红色文化资源,传承红色记忆,将红色旅游与美丽乡村建设相结合,形成旧习促进的良好态势,如今,村内清澈溪水潺潺,美丽乡貌令人赏心悦目,民间隔落有致,一步一景,处处圆画,一派团圆盎然。不仅彩打了老党员们心中圆圆、还受到越来越多的年轻人看睡,让红色文化在人村内的每个角落,也婉让圆摩恢在义马人的的民事圆圆上得到圆圆历史,笑让先辈前人,珍惜者之不易的新中国。

百年古村方上方,焕发勃勃生机。

红色事业 薪火相传

食，又有经济收入。产量最高时，全村有梨树 1000 多棵，产梨达 10 万斤左右。村里几乎是每家每户都种有梨树，只要有土的地方就有梨树。

上方村田多，池塘也多。20 世纪 60 年代，村里最多时有后山塘、九斗塘、桥头塘、新开塘、竹余塘、路口塘、风光塘、毛深塘、莲里塘、周狮塘、枫江塘等三十余口大大小小的池塘。这些池塘大多植有莲藕，当年的实况用"十塘九藕"来形容一点也不为过，既可观赏，又有收成，可谓是两全其美。

"五月梅晴暑正袢，杨家亦有果堪攀；雪融火齐骊珠冷，粟起丹砂鹤顶殷。并与文园消午渴，不禁越女蹙春山；略如荔子仍同姓，直恐前身是阿环。"从方岳《咏杨梅》诗中描述的景物来看，上方村和周边地区，在宋时都曾种有杨梅，栽培历史悠久。

当然，由于年岁实在太久远，杨梅的种植也几经盛衰兴亡。2005 年 3 月，由原村委会主任方华弟牵头，10 名村民共同投资，向村集体承包了高背畈荒地 200 亩，从浙江大学果树研究所引进杨梅优良品东魁、黑炭，开发种植杨梅 2 万多棵，建成了义乌市东魁杨梅示范基地。次年，村集体又在金岗山、后山等山坡种上了 150 多亩杨梅，后来以投标方式进行承包，所得款项用于失地农民缴纳养老保险。一晃十几年，当年的小杨梅树变成了如今的杨梅林，曾经的荒山坡变成了现在的花果园，每到五六月杨梅成熟时节，慕名前来采摘者络绎不绝，成了不折不扣的新晋网红打卡地。

沧海桑田，岁月流逝。上方村为把美丽风景转化为美丽经济，大力发展生态旅游和绿色农业、特色农业，开发了百果香山庄、杨梅山基地，努力走

出一条农业生产和旅游开发相结合的致富新路子。

上方，一个留得住乡愁的地方。

上方村传统民俗文化活动丰富多彩，有锣鼓班、迎龙灯等，其中一年之中最热闹的盛大节日就是重阳德胜岩庙会，四里八乡的人们纷纷前来，聚会参加者众多，文艺活动五花八门，热闹非凡。每年重阳将至，川塘各村家家户户都打扫庭院，洗刷家具，备办菜肴酒席，以接待亲友来临。时过境迁，现在的重阳与当年已大不相同了，但回忆起来，还是令人神往的。还有，上方自创村伊始即开始酿制黄酒，延至于今，历未衰歇。一般都以自己喝和招待客人为主。上方村的肉饼，历史悠久，做工选料讲究，吃起来又香又脆，让人垂涎三尺。

上方，一个产业生态丰富的地方。

海阔凭鱼跃，天高任鸟飞。政策开放后，上方村涌现出一批经商办厂之强者，他们走南闯北，从种植农业户到养蜂专业户，从四处奔波"行商"到市场摆摊，从前店后厂到贸工联动，个体经济的迅猛发展，使广大农民送走了贫困，迎来了富裕。其中，手工插花产业就是上方村的一个创业亮点。目前，做手工塑料插花的大约有十几户上百人，形成了一定的产业规模。

上方，一个红色资源丰厚的地方。

红色就是上方村的主色调，一切与红色有关的符号和记忆，都成为上方的骄傲和自豪。

刚进上方村村口，映入眼帘的是一块有"江山"寓意的彩色巨石上的红色大字："义乌红色的起点——上方村"，仿佛永远闪耀着红色战斗的身影，回荡着红色奋斗的呐喊。

上方红色文化的挖掘者、宣讲员方华弟，曾担任上方村村委会主任多年，说起上方村的红色文化如数家珍。他从 2006 年开始，开始致力于深入挖掘上方村的红色革命文化，激活红色基因，传承红色记忆，弘扬革命精神，以多元方式讲好红色故事。在有关部门和人士支持帮助下，修缮进士第古建筑，建成上方村红色教育基地，牵头编撰《红色上方》村史，通过文字让革命历史和英雄事迹能够为更多人所知，让革命薪火代代相传，将红色旅游与美丽乡村建设相结合，形成相互促进的良好态势。

上方村，一个名副其实的新时代美丽乡村。

村容村貌，日新月异。上方村积极发挥党员干部的带头模范作用，努力实现富民强村。在短短的几年时间里先后完成了村内道路硬化、村庄绿化、路灯亮化、池塘清淤改造、水泵激活，成为金华市示范村。自来水管网、雨污分流、村级办公场所建设、公共厕所修建等工程，极大改善了村里交通状况和居住环境，使得上方村的硬件设施走在了全市新农村建设的前列，先后获得浙江省文明村、卫生村、市城乡一体化先进单位、创建先进单位、四星级基层党组织、美丽乡村样板村、金华市全面奔小康示范村、文明健康村、高标准平原绿化示范村、美丽乡村、先进基层党组织等荣誉称号。

历史长河滚滚向前，孕育革命精神的这片热土必将点亮新时代的荣光。如今，在青山林海的掩映下，这个花园式的美丽村庄随着"德胜古韵"精品线渐渐浮现于眼前：村内清澈溪水潺潺，长廊亭阁交相辉映，花草树木簇拥的民房错落有致，景色秀丽的农民休闲广场别具一格，一步一景，处处皆画，令人流连忘返。

上方村是古老的，诗意而丰润；上方村是年轻的，朝气而有活力，唯有走进，才能读懂。

红色上方

假若用色彩来表达的话，红色就是上方村的主色调。上方村，这是一片有着光荣革命历史和革命传统的土地。

红色上方 "红色基调"

邹 鲁

　　走进上方村，映入眼帘的是村头一块有"江山"寓意的彩色巨石上的红色大字："义乌红色的起点——上方村"。

　　历史悠悠，稠岩赫赫。在风起云涌的新民主主义革命时期，一群"扶犁黑手"竟然掀起了革命斗争的狂飙巨澜，他们坚持在党的领导下，在上方村人方元永、方城顺的带领下，前仆后继，英勇斗争，谱写了整个义乌新的历史篇章。

　　回望峥嵘的中国革命岁月，在上方村或与上方村人有关系的红色事件中，创造了义乌中共党史、义乌革命史上的四个"红色典范"：

　　方元永，第一批在大革命时期义乌本地从事革命活动的中共党员之一，也成为国共合作义乌第一批人之一。

　　方城顺，义乌第一批党支部的创建人，也是中共义乌县委的首位筹建人。

　　在这两位红色人物的引领下，上方村在大革命早期建立起党支部，成为燎原之星火、红色之起点。在波澜壮阔的义乌革命斗争史上，写下浓墨重彩的一笔。

　　上方村人方元永首先在大革命时期联合国民党左派，在义乌掀起反帝反封建的浪潮。

1924 年 1 月召开的国民党"一大",确定了联俄、联共、扶助农工的三大政策,标志着第一次国共合作正式形成。

1926 年 7 月 9 日,国民革命军在广州誓师北伐,开始了举世闻名的北伐战争。暑假,浙江省立第一师范学校应届毕业生、中共党员方元永按党组织指示,回家乡义乌,以香山小学教师的身份为掩护,开展革命活动。他是来义乌进行革命活动的第一批中共党员之一。

义乌早期的共产党和革命者

方元永与进步青年何家槐(何麻车人)等一起组织学习马克思主义书籍和进步报刊,谈论政治形势,探讨开展革命活动。国民党浙江省党部任命中共党员童志沂为义乌特派员,童来到义乌后与方元永等人以国共合作名义,组织国民党区分部。1926 年 10 月,义乌国民党的第一个区分部香山区分部在香山小学成立,方元永任负责人。同年 10 月,方元永多方奔走,联系中共党员丁有容、马新超,联合国民党左派刘逸天(青溪人)等,在稠城镇成立国民党义乌县党部筹备处,畈田朱、柳村两个国民党区分部也相继成立。

到 1926 年 12 月,国民党义乌县党部正式成立,赵平生任主任委员,7 名执委中有 5 名为共产党员,其中方元永兼任宣传部部长。这标志着义乌县第一次国共合作的实现。1927 年 2 月,国民党义乌县党部主办的《乌喊报》创刊,主编方元永。这是现代意义上的义乌第一份革命报纸。这份报纸以石印出版,刊出 2 期后,在"四一二"反革命政变后停刊。

接着革命的火炬,上方村人方城顺在土地革命时期再次在义乌党史上留下光辉的一页!

方城顺受命于危难之际,在1927年10月至1928年10月的一年内,大力发展党员,创建义乌第一批党组织,并在几个重点区开展农民运动,把义乌革命运动推向又一个高潮。

义乌早期农民运动领袖、第二任县委书记吴溶品,这位义乌有名的革命领导人,他的革命引路人正是上方人方城顺。吴溶品也是方城顺在义乌农民中发展的第一位共产党员。

1927年10月,中共浙江省委派中共党员方城顺回义乌原籍从事党的发展工作。原县党部执委、共产党员方元永向他介绍了吴溶品的情况。方城顺即来到前洪找到吴溶品,将党的性质、奋斗目标和现时的斗争纲领,都向吴溶品做了详细的介绍。吴溶品听了方城顺的一番话,当即表示愿为实现共产主义而奋斗终生,主动提出要求加入中国共产党。方城顺认为吴溶品在"四一二"前后,经过革命斗争的锻炼和考验,已经具备共产党员的条件,于是与方元永一起介绍吴溶品入党。1927年11月,在前洪村建立了全县第一个党支部,吴溶品任支部书记。

在方城顺的四处奔波下,义乌一批革命志士杨友应、杨可秋、杨兴海、刘世法、刘家泽、吴璋、黄昌梧、黄昌桐等人成为义乌早期党员,他们革命热情更高,积极投身于革命活动。为了壮大革命队伍,扩大革命影响,注重办好农民夜校,组织农民协会,积极培养吸收一批青年农民中的积极分子入党。至1928年10月,已发展党员98名,建立党支部14个。

第一份义乌革命报纸,第一位从农民中发展的共产党员,第一批在义乌创建的党支部……这些"红色奇迹"的奠定历史如村头潺潺的香溪水,永远传颂着英雄的美名。

上方,永远闪耀着红色斗士的身影;

上方,永远回荡着红色奋斗的呐喊。

流淌在红色上方的故事

潘爱娟

上方村位于义乌市后宅街道，是一个革命老区村，距城区约 12 公里，现为方塘村下辖的一个自然村。对于这个红色村庄，我并不陌生，几年前金华政协文史委曾编过一本《金华祠堂》的画册，后宅街道的方大宗祠名列其中。而方氏家族的两位代表性人物，便是上方村的方城顺和方元永，他们被称为上方村的"红色双杰"。

这两年，我不止一次地走进上方，去倾听来自上方的声音，了解上方的历史。

上方村始建于南宋庆元年间（1195—1200），这个有着 800 多年历史的古村落，曾出过文武两进士，文进士为上方村的始迁祖方文彬，另一位则是清咸丰六年（1856）考中武进士的方聚星。方聚星曾先后任江南督标左营守备、江南督标右营上海守备等职，分管长江下游一带防务，他为官 36 年，始终治军严明，与士卒同甘共苦，是百姓口中的清明官。方聚星与晚清著名政治家，先后担任清同治、光绪两代帝师的翁同龢是同榜进士（俗称同年），在他 60 岁生日时，翁先生还为他写了一篇《六十双寿序》做贺礼。

古时的上方村，是浦江到金华的必经之地。蜿蜒的香溪穿村而过，溪南岸也是一条浦江、义乌后宅等地群众到东河集市的大路，每逢东河市日，赶集的人们络绎不绝地穿过上方，奔向集市交易。

　　走过横跨香溪之上的香安桥，有一座宏伟庄严的古建筑，这是一座由武进士方聚星兄弟建于清同治末年的老宅，名曰"五常堂"，又名进士第。这座总占地面积一千多平方米的建筑由东西并联的正屋与横屋组成，共 36 间，主体建筑的正厅中间屋顶木质横梁上雕刻着各种花鸟鱼兽，整齐典雅，雕工精细，栩栩如生，充分展示出方氏族人崇文尚武、耕读渔樵的风貌，蕴藏着方氏后裔的勤劳与智慧。

　　现在的五常堂不仅仅是进士之门，更是红色之门、光明之门、信仰之门。这里做了上方村的文化礼堂和红色文化传承基地。

　　跨过五常堂高高的门槛，正前方悬挂的是"讲好上方故事，传承红色基因"横幅。进士第的右侧厢房开设有"初心馆"，里面有大量的图片和文字，讲述了发生在 20 世纪二三十年代的一个个红色故事，义乌早期共产党员和革命者的事迹在我们的面前一一展现。

　　在靠近香溪的这一边，是中共党员方元永故居，现在也是红色故事展览

五常堂

馆的一部分。进士第左侧厢房屋是上方村村史及村里历代贤达能人的介绍，在这里，方氏族人可以追古思今，可以了解自己的家族历史。

上方村是一块物产丰饶、人杰地灵的风水宝地，更是一片有着光荣革命历史和革命传统的红土地。在大革命时期，这里走出了最早在义乌本地从事革命活动的中共党员方元永；还有一位在土地革命战争时期，回到老家义乌发展党组织的革命先辈方城顺，他们被称为助燃义乌"星星之火"的人。

方城顺是川塘方氏二十四世孙，1903 年出生。1927 年 10 月，中共浙江省委遵照中共"八七会议"精神，委派时任杭州市总工会秘书的方城顺回义乌原籍开展恢复党组织的活动。11 月，方城顺等领导建立的义乌历史上第一个中共农村支部——前洪支部成立。1928 年，作为义北区教育委员的方城顺，和在义乌县立初中（义乌中学）担任语文教员的中共义乌县城区支部书记冯雪峰，在学生中发展共青团员，建立义乌中学团支部。抗战开始后，方城顺从杭州回到义乌，一边教书，一边宣传抗日。抗美援朝时，他曾带头"捐飞机大炮"，送子参军。1994 年 5 月，方城顺走完了他生命的最后历程，安详地离开了这个世界，享年 92 岁。

方元永是川塘方氏二十五世孙，1907 年出生，1915 年入稠川小学读书，后进入浙江省立第一师范学校就读。1926 年春加入了中国共产党，与共产党员丁有容、马新超成立国民党义乌县第一个区分部，成了义乌国共合作的第一批人。他是最早在义乌本地从事革命活动的中共党员之一。1991 年 1 月去世，享年 84 岁。

正是因为有了方城顺、方元永叔侄，上方村同一个个闪亮的名字连在了一起：卓兰芳、冯雪峰、赵平生、吴溶品……红色上方，也因他们更精彩。

历史不会忘记，人民不会忘记。

一条香溪连接着德胜古韵和望道信仰两条精品线。为中国革命"盗"取圣火的陈望道，回乡创建党组织的方城顺、方元永叔侄，他们都是义乌的骄傲。

革命路上的带头人

刘俊义

　　杨友应又名杨运、杨兴运，1901 年出生，属牛，乡邻唤其俗名牛应。家有田宅少许，温饱之下略有盈余。自幼爱读书。后考取严州师范学校，毕业后回柳村任柳浒小学校长。杨友应成为继吴溶品之后，又一位经方城顺引导走上革命之路的人。

　　1927 年 10 月，中共浙江省委派党员方城顺回到义乌，发展党员，建立组织，开展革命工作。他和刘世达二人到柳村找柳浒小学校长杨友应联系。友应平时见到地方上土豪劣绅、恶霸地主横行不法，农民受尽欺凌，灾难深重，十分气愤。一向思想活跃、追求进步的杨友应会见方、刘，好比久旱逢甘霖，激发起参加革命的热情。于是方、刘发展友应为党员。他们研究要发展党员建立组织，必须和农民多接触、多联系，最好的办法就是开办民众夜校，于是很快就在柳村的上车门、新屋里、田里办起来，在柳浒小学还办起了民众俱乐部，又称锣鼓班。成员有小湖、兴东、可秋等 20 多人，大多是本村的活跃分子、农民积极分子。他们自导、自演、自唱、自娱，唱戏以昆腔为主，宣传革命道理，揭露农民贫困的原因和土豪劣绅地主的罪恶，提高群众的思想政治觉悟，激发革命热情。涌现了许多积极分子。1927 年冬，由方城顺、杨友应介绍杨兴海、杨可秋、杨小湖参加党组织。1927 年底，柳村成立党支部，杨友应任支部书记，后由杨兴海接任。

当时，书写宣传标语，主要由杨友应负责，因为他师范毕业，有文化，又是教员。内容有"打倒土豪劣绅""减租减息"等。然后由杨兴海、杨可秋等其他成员去张贴，对群众鼓动很大，连友应自己也始料不及。

1927年11月，柳村的土豪劣绅要在柳浒小学做三天三夜道场。因小学设在祠堂内，学校要停课十多天。柳村是个大村子，土豪劣绅多，势力大。友应决心将他们的气焰打下去。于是一方面叫几个党员组织群众、农会会员守在学校里，不许他们到学校做道场；另一方面对学生的家属进行宣传，激起几百学生的家属反对，这样，打击了土豪劣绅的气焰，道场不做了，学校的正常教学秩序得以维护。党组织成立后第一次斗争取得胜利。

1929年，盲动主义处于统治地位时期，要各地组织武装暴动，向国民党进攻，夺取政权，严州、兰溪、永康等地先后组织了暴动，惨遭失败，部分同志逃躲义乌。各地搜捕共产党员，处于一片白色恐怖之中。遭到压制的反动势力也趁机反攻倒算。浙西特委委员姚鹤亭屈节叛变，带领省防军到柳村搜捕杨友应、杨兴海、杨可秋等党员。杨友应感到时局混乱、风声紧，逃出义乌，从此与党失去了联系。

带着血色穿云破雾

王锦豪

一个光耀千秋的英雄壮举，一首惊心动魄的远征史诗，留下的是我们心中永恒的红色记忆！

翻看历史档案中那些风华岁月中无数印记：老照片、印刷品……一样样都饱含着感人肺腑的革命故事，一件件都带着令人动容的红色记忆。

走近这些文物，仿佛走进了那段历史，走进了那段往事……

"五卅后，民众运动的发展，一直波及于穷乡僻壤，山西太原等处都有工会的成立，江浙则甚至于小小村镇如双林、义乌等处，都起来响应。"这段话摘自瞿秋白在《新青年》月刊上发表的《国民会议与五卅运动》一文，可见当时义乌声援五卅运动的声势之大、影响之广，故而被载入《中国共产党历史》第一卷。

谁也想不到，点燃义乌"星星之火"的风云人物，居然是山里人家的方城顺、方元永，这两位来自上方村的知识青年。他们机智过人、敢于担当，将圣火照亮人间，无愧于革命火种的传播者。

"五卅"后，时局剧变，社会大变革的浪潮已席卷而来。此时此刻，在浙江省立第一师范读书时参加共产党的义乌籍学生方元永，1926年暑假毕业后，遵照中共杭州地委的指示回到义乌，以东河香山小学教员身份为掩护，进行革命活动。方元永是在义乌本地活动的第一批共产党人之一。继他之后，在外地入党的马新超以及丁有容、毛宗骈等义乌籍共产党员也先后回到家乡开展活动。同年 11 月，在绍兴女子师范学校任教时参加共产党的义乌籍党员赵平生受浙江省党部指派回到义乌进行活动。

赵平生在与方元永取得联系后，12 月，在稠城镇阜亭酱园孟允庆家建立了中共义乌阜亭酱园联络站（位置在现在的市民广场），代号"袁当甫"。负责人赵平生，隶属中共杭州地委领导，这是义乌第一个党组织。不久，孟允庆、孟荷珠、何朗然被吸收参加共产党。孟荷珠则是全县第一位女共产党员。至"四一二"反革命政变前，义乌已有共产党员 13 名。

"四一二"反革命政变后，全县先后有 13 名共产党员和国民党左派骨干转移外地隐蔽。方元永外避后，不久又折回义乌，坚持在本地与敌进行隐蔽斗争。同年 9 月，中共义乌独立支部成立，但时间不长，即遭破坏。

1927 年 10 月，作为省委指派的方城顺回到义乌后，即与方元永取得联系，向他传达了中央八七会议精神。方元永向方城顺汇报了义乌反动当局"清党"情况，介绍了前洪农民领袖吴溶品积极斗争的表现。第二天，方城顺即去前洪与吴溶品进行面谈，并介绍吴溶品加入共产党。方城顺随后又到王前山，发展黄昌梧、黄昌桐两兄弟为党员。接着，方城顺和在青溪小学任教的共产党员刘世达（1927 年 3 月在建德模范小学任教时由同学童祖凯介绍参加共产党，义乌青溪人）见面，与他一起发展了柳浒小学校长杨友应（又名杨运）、老师俞春锋为共产党员。此后，方城顺和方元永，又去畈田朱介绍肃田小学老师刘家泽参加共产党。这些被发展的党员，又先后介绍了一些人参加共产党。

由此可见，包括义乌早期县委领导吴溶品、吴璋等一批有识之士，是由方城顺、方元永介绍加入中国共产党，从而走上革命道路的。

红色灼灼党旗飘飘

邹 鲁

作家在红色上方采风

在上方村文化礼堂，那鲜艳的红旗闪耀夺目。鲜红的党旗，神圣的党旗。

上方村地处义乌市后宅街道西部，距街道办事处 5 公里，山清水秀、三面临山、香溪环绕，田畴丘陵纵横交错。目前，全村共有住户 356 户，人口 826 人，中共党员 26 人。是一处拥有悠久的历史、灿烂的文化、杰出的人才的村居。文献记载，上方村约始于南宋庆元年间（1195—1200），距今已有 800 多年的历史。古时起，上方村就以物产丰富、民风淳朴，人才辈出而闻名，村民有勤耕耘，苦读书，唯仁厚，尚节俭，诚信宽容，清廉守正，刚正勇为的家风民俗。

上方村更是一片有着光荣革命历史和革命传统的红土地。在新民主主义革命时期，涌现出第一批在义乌本地从事革命活动的中共党员方元永，第一

党员宣誓

批义乌党组织的创建者方城顺。在这两位红色人物的引领下，上方村也在大革命早期建立起党支部，成为义乌燎原之星火，在波澜壮阔的义乌革命斗争史上，写下浓墨重彩的一笔。

新中国成立以来，党旗时刻飘扬在上方村，引领着上方村村民走向康庄大道：1956年5月，成立上方村党支部；1958年10月，改称上方生产队党支部，隶属塘李大队总支；1962年1月改称上方大队党支部，隶属塘李公社党委，1983年9月隶属塘李乡党委；1983年10月改称上方村党支部，1988年8月隶属城阳区塘李乡党委，1992年5月隶属后宅镇党委，2001年3月隶属后宅街道党委，2006年至今隶属后宅街道党工委，先后由方豪琴、方元功、方元华、方关财、方庭竹、方关喜、方明生、方鸿程等同志担任党支部书记。方明生先后两度获得2002年度、2006年度义乌市农村优秀党员、党员致富标兵荣誉称号。

一个支部就是一个堡垒，一名党员就是一面旗帜。

上方村两委在后宅街道党工委及塘李片、方塘村党委的领导下，及时抓住"美丽乡村"建设的大好时机，积极发挥党员干部的带头模范作用，进行了高标准绿化，村级办公场所建设，房前屋后绿化，公共厕所修建，路灯亮化，路面硬化，自来水管网建设，雨、污分流建设等。为了发展生态旅游和绿色农业、特色农业，开发了百果香山庄、杨梅山基地，提高了村民的经济收入。

一切与红色有关的符号和记忆，都成为上方的骄傲和自豪。

在新一任领导班子上任以来，村两委班子同心协力，为了创建市星级美丽乡村，对村道路两侧的绿化带进行了全面的升级换代；为了剿灭劣 V 类水，对村三口池塘进行了全方位的清洗、清污，引进千米以外的溪水，改善了池塘的水质，村口景观正在施工中。在环境整治、剿灭劣 V 类水、垃圾分类这些活动中，村两委注重号召全体党员起到先锋模范作用，实现党员网格化监督管理，极大改善了村里交通状况和居住环境。

如今的上方村，红色灼灼、党旗飘飘。

这是一方涌动的热土，叫人陶醉于斯而忘返。

他们将红色旅游与美丽乡村建设相结合，不断完善配套基础设施，改善人居环境，村内清澈溪水潺潺，长廊亭阁交相辉映，村容村貌得到了很大的改观。积极发挥社会力量，整理挖掘传统文化和历史资料，开展系列活动，把红色资源利用好，把红色传统发扬好，把红色基因传承好。

一派红色灼灼和田园意趣融合的"红色""绿色"鲜明色，吸引了老党员和中老年人群，也受到越来越多的年轻人青睐。上方村两委表示，他们不仅要将红色历史文化注入村内的各个角落，也要让它鲜活在义乌人的心里，让更多人看到那段光辉的历史，铭记先辈的光荣事迹，珍惜来之不易的和平与幸福。

在村内的文化礼堂，有多个颇有特色的展厅。展示村庄名人的"名贤馆"，展示村庄历史的"乡愁馆"，还有讲述红色故事的"初心馆"。

上方村在村委的带领下，努力实现富民强村，先后获得浙江省文明村、市城乡一体化先进单位、创建先进单位、四星级基层党组织、美丽乡村样板村等荣誉称号。

如今的上方村，共产党人高举党旗砥砺前行，不忘初心牢记使命，传递红色的火种。

这面党旗，是每天飘扬在上方村晨曦里的希望。

这面党旗，是每天相伴上方村民触手可及的幸福感。

红色文化宣讲员

邹 鲁

"我们村有这样的革命英雄和感人的事迹，一方面我觉得非常自豪，同时心里也感到非常紧迫，就怕再不去发掘和弘扬，这段历史就会被忘记，我们的子孙也再不会知道。"

让革命历史和英雄事迹能够为更多人所知，激活更多红色基因，让革命薪火代代相传，方华弟不辞辛苦，多次前往街道和党史办等有关单位沟通对接，争取上级部门的政策支持，多次请教义乌文化史学界人士。如今，红色上方已在后宅街道、在义乌市乃至市外，已是"红旗飘飘"。在义乌党史办、市作协和后宅街道的大力支持下，建成了上方村红色教育基地，引起人们再次关注红色上方。

方华弟，后宅街道方塘村上方自然村人。曾多年担任上方村村委会主任。

他在担任村委会主任期间，积极推进美丽乡村建设，通过承包荒山种植杨梅，带动一批村民致富。

"方城顺是我的四爷爷。我小时候就经常听我父亲说，四爷爷当时人很年轻，口才也很好。他与方元永等人经常到东河、上溪、柳青、后宅、曹村等地宣传革命，在集市上慷慨激昂地发表演讲。大家都听得明白，听得进去，很受激励。我的亲伯父方元超，担任过地下党交通员，还当过上方村情报站

红色宣传员方华弟向作家宣讲红色上方

的交通员。"

今年已经 67 岁的方华弟，说起自家的红色历史、说起上方村的红色文化如数家珍。他说，其实在上方村，像他伯父一样参与过革命事业、为解放义乌出过力的人特别多，村内有丰富厚重的红色文化底蕴。

上方村是一片有着光荣革命历史和革命传统的红土地。在土地革命战争时期，涌现出最早在义乌本地从事革命活动的中共党员方元永，第一批义乌党组织的创建者方城顺；同时，在这两位革命前辈的引领下，上方村也在大革命早期建立起党支部。这些革命行动，成为燎原之星火，在波澜壮阔的义乌革命斗争史上，写下浓墨重彩的一笔。

从小耳濡目染，深受红色文化熏陶的方华弟，不仅早早就申请入党，又从2006年开始，他一心致力于深入挖掘和发扬上方村的红色文化。十数年来，他是上方红色文化的挖掘者，是上方红色文化的宣讲员。

"方元永是上方村人，也是最早一批回义乌开展革命活动的共产党员、革命老前辈，多年前，后宅街道上方自然村，曾洒满仁人志士革命先烈的鲜血；多年后的今天，发生在这片土地上的革命故事代代相传、家喻户晓……"

这是方华弟，每次在红色教育基地开展义务讲解时，必说的解说词。

在上方红色教育基地建设过程中，方华弟同步进行了文化历史古迹的考察挖掘和收集整理工作，整理上方村八百余年的历史资料。经过市志办、市作协、市档案馆等单位的查证和指导，方华弟牵头编撰《红色上方》一书，将上方的红色革命历史，通过文字代代传承发扬下去。

他在有关部门和人士支持帮助下，修缮进士第古建筑，建成上方村红色教育基地，始终为挖掘和发扬上方红色文化而不懈努力。

上方村红色教育基地投入使用后，成了后宅街道一道靓丽的红色风景。2021年，恰逢建党百年华诞，借此契机，后宅街道各村社、两新基层党组织到上方村红色教育基地开展建党百年庆祝活动，方华弟自告奋勇担当义务讲解员。他精心设计了唱红色歌曲、重温入党誓词等多个活动环节。前来参观的党员们，在方华弟的带领下，不仅学习了解了方元永、方城顺等革命先辈的感人事迹，同时通过重温入党誓词等活动，更加坚定了初心使命，留下了美好的回忆。

方华弟积极与市作协等开展建党百年采风征文活动，其间共宣讲上方红色历史36场次，受众超过3000人，活动取得了热烈反响。

方华弟虽然不再担任村主任，他依然更加把精力投入到红色上方历史文化的挖掘、整理、传播上。他衷心希望城西的望道信仰线和我们后宅的德胜精品线能够连在一起，带动红色旅游。人气旺了，也能带动村庄经济的发展。

文学之花上方开

王锦豪

幽幽书韵，脉脉馨香。老党员方华弟利用互联网资源，唱响红色文化主旋律，让红色文学在这里滋生、成长。他通过结识稠州论坛等文学平台，多次引进并培植红色文学征文颁奖活动，不断给村民带来全新文学体验盛宴，提供文学交流和活动空间，使上方的书香氛围更浓厚，文学精神之花繁茂芬芳。

都说后宅街道西部"德胜古韵"精品线有一颗光彩夺目的明珠，那就是红色上方。正如佛堂诗人王和清所描绘："香溪绿水润上方，稠岭青山佑街坊。宋脉纹纹盛古今，乡愁绵绵连炊烟。文武将才效社稷，革命星火燃家乡。宏业史迹千秋载，沃野厚土万年长。"上方，号称义乌名门望族。走进它，像走进了耕读儒学文化的时光之河。一方水土一方人。翻开上方历史和上方文化发展史，一个个闪光的名字就会出现在我们面前：方文彬、方明显、方清沛、方聚星、方元永、方城顺、方元超……尤其是现代革命史上投身革命、痴心信仰的方元永、方城顺，为家乡又增添了一道红色风景。

在上方这片红色沃土上，赋予了这方热土不一样的红色基因，正成为游客及文学爱好者又一处靓丽的人文精神打卡地。

沿着鲜花簇拥的乡间公路漫行，没多久就能望见上方的香安桥。过了这座桥，便来到上方人引以为豪的进士第（又称五常堂）。此时此刻，大家不

红色文学征文颁奖活动

约而同去观赏稠州论坛绣湖文学版块春季征文的"重头戏"——红色文学征文颁奖典礼。所有的征文作者都是带着感情，深入基层、深入群众，用如椽的大笔写出了如诗如画的诗文，让一个个美丽乡村具有了文学的生命、灵气和精神。那文章,仿佛是一曲美丽乡村的高亢颂歌、一组绿色发展的恢宏画卷。20 多名嘉宾、30 多名获奖者以及一大波乡亲齐聚一堂，感受文学的魅力。有畅谈创作感受、有歌舞助兴，雅俗共赏。"这里，山峦起伏，田畴舒展，波光粼粼，浓荫如盖，山清水秀，鸟语花香……"作家诗意的写作，为村民的心灵和生活带来了无以替代的美感与快乐，那是生命之花的绽放、乡村之美的呈现，那是真的灵魂的情愫、善的精神的光华。这些文字，活生生就是锦言佳句，有泥土味又有烟火气，有温度又有深度，让人回味无穷。

颁奖结束后，作家们走进红色教育基地，紧跟讲解员的脚步，参观红色展厅，倾听红色党史故事，感慨可歌可泣的革命历史，领略上方红色建设的丰硕成果。乡村视野里的变化，充满着诱惑充满着激情，激发出作家的创作热情：干净平整的街道，鳞次栉比的房屋，四时如画的田园风光，让人不禁为这里的显著成果点赞；置身上方，可触摸到它特有的生活气息，可寻找到内心深处的感触，真切感受到村落的历史文化古朴和宁静，了解体验乡村传统与未来交织的生活状态和人文氛围……

这些年，上方向着"红＋绿"方向发展，将传统的红色教育基地与特色农业等结合起来，通过引进红色文学征文颁奖等活动，丰富人民群众精神文化生活，厚植文化自信，从而实现经济强村文化强村。在方华弟的心中，始终有这样一个梦想："我愿上方永在，我愿花香常伴。在理想与现实之间，我们将继续前行，以执着的脚步谱写着切实可靠的、这并非梦的音符……"

闲吟文韵在希望的田野上，文学之花犹如雨后春笋般涌现。2021 年，方华弟主动与稠州论坛"联姻"，引进征文颁奖活动。"辉煌百年，幸福义乌"庆祝建党 100 周年征文比赛颁奖典礼，如期在上方文化礼堂举行。此次征文虽说是题材宏大，却是很接地气的底层叙事。其中获得一等奖的两篇文章，《云

红歌会合影

40

溪的故事》和《择一城终老，携一人白首》，字里行间流露出浓浓的乡土气息和地方色彩。那些景色优美、欣欣向荣的场景，最易激发人的审美冲动，最体现出基层干部群众创造历史的力量，最体现出普通百姓追求美好生活的朴素愿望。"融入乡村生活，我们有了更多的创作热情和空间。"许多文学爱好者如是表述。

"让文学之光照亮每一个乡村。"走过上方的作家，思绪万千。他们将从一滴汗水、一声花开、一枚果实、一份沉甸甸的愿望之中，去发现美，写出人民群众喜闻乐见的优秀作品，让文学"沾泥土、冒热气、带露珠"，助力乡村振兴。

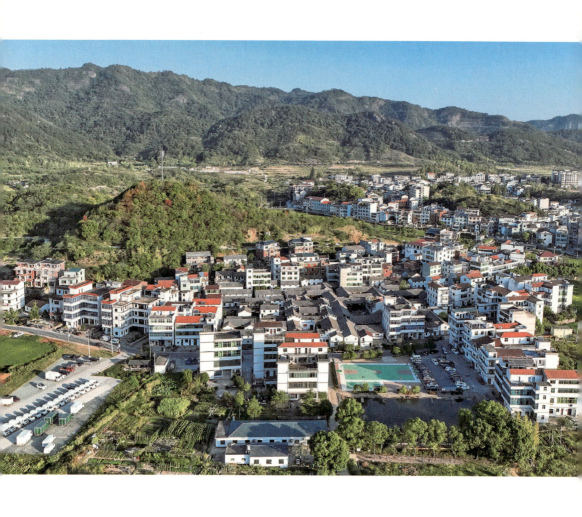

人物风流

八百余年的历史演进，孕育了独特的一方水土，滋养了上方人杰才俊。

在古代，曾经有宋代苦读诗书、矢志儒学，而又急流勇退、独善其身的文人隐士；更有满腹经纶、修身持家、为大文豪注目的后辈儒生；也有练就文武艺，投笔从戎征战沙场，立下不世之功的武进士。他们的清洁自守、刚正不阿、锐意进取的儒生品格，让人联想到义乌这方儒学浸透的土地上层出不穷的耿介之士、节义之臣，他们都有着忠肝义胆的侠气，有着轻生死而重大义的人品。

清正平和方文彬

傅 健

方文彬，字君文，宋代义乌人。读书甘苦，生性淡泊。既以经义科，应浙漕免解进士。这一事实，在嘉庆《义乌县志》卷十"选举"里，就有明确、清楚的记录。

文彬公作为上方村的始迁之祖，承续川塘血脉，在上方一地开基创业，凭着此地山岩奇秀，溪流清澈，物产丰饶，一门数十代彰显于世，这皆源于家族"崇文尚武""文韬武略"的传承。

上方村具有勤耕耘，苦读书，唯仁厚，尚节俭，诚信宽厚，刚正勇为的传统家风，这与义乌传统文化一脉相承，提倡孝义为本、耕读传家，并非一味强调读书做官，而是从精神伦理的根本修养上提升自我。文彬公虽然有出身，但他平时喜欢闭门读书，只愿在乡野间著书立说，教化村民，不愿出仕。

有人劝他去做官，他说："做官是为了实现抱负啊。只要志向实现了，还在乎那点俸禄吗？"文彬公为人性格坦诚随和，没有城府，大家在一起，如同一家人一样。

别人都羡慕文彬公祖传的家私多，但一分为三之后，剩下的就很少了。但他仍经常拿出省吃俭用抠出来的钱用来帮助生活困难的乡民，别人劝他："你应该为子孙打算，不应出手。"文彬公解释说："世上之人多喜欢为后代

古代秀才以上学子

姓名	世系	功名
方文彬	五世一千零四	宋浙漕进士
方有彩	十八世烨一千三百九十八	明邑庠生
方起鹏	十九世垣一千四百八十二	明增广生
方起子	十九世垣一千四百八十五	明太学生
方起凡	十九世垣一千四百九十三	明太学生
方起阜	十九世垣一千五百零十	清邑庠生
方克类	二十世镇一千六百一十	清郡庠生
方克显	二十世镇一千六百四十五	清邑庠生
方克貊	二十世镇一千六百九十二	清邑庠生
方清沛	廿一世泽九百六十七	清太学生
方清才	廿一世泽八百八十六	清邑庠生
方仲弟	廿一世泽二千二百八十三	清太学生
方庆汉	廿二世梓二千二百七十六	清太学生
方庆涌	廿二世梓二千二百九十九	清太学生
方会川	廿二世梓二千三百十六	清邑庠生
方会第	廿二世梓二千一百四十一	清邑庠生
方耀建	廿三世耀二千三百十二	清咸丰乙卯进士
方耀远	廿三世耀二千三百五十九	清邑庠生
方耀超	廿三世耀二千三百九十二	清邑庠生
方耀秩	廿三世耀二千四百二十	清邑庠生
方耀高	廿三世耀二千三百七十四	清邑庠生

上方古代秀才以上的人才

子孙做牛做马，但最后多是不肖子孙得到好处。不如多做好事，多积功德。"

文彬公对功名富贵的见识和心胸，竟然与普通人如此不同，因此，他是古时候义乌地方上公认的一位品德高尚的贤士。

文彬公育有三子，其中长子叫方渥，字国济，次子叫方岳，字国望，三子姓名无记载。当时南宋时期义乌人虽然耕作勤劳，但人均耕地少，土层浅薄，一般的小农经济也极难维持。虽然环境的恶劣逼出了义乌人吃苦耐劳、坚韧不拔的品性，但穷则思变，使义乌人走入了农商兼济的行列。不愿求仕做官的方渥、方岳两兄弟，饱读诗书，却另辟蹊径，凭着超越常人的见识和冒险精神，搏击货殖，多谋善断，成为成功的富翁，他们"蓄时艺获，身先佣保"的遗训，也成为族人敢为人先的源泉。

家庭经商致富之后，两兄弟就开始选佳址，谋划起华堂、建新居。上方村的里宅为方渥所建，外宅为方岳所营。所以，今天的上方村方氏子孙共分两支，方渥是上方村里宅之始祖，方岳是上方村外宅之始祖。

德高望重方清沛

傅 健

清朝后期，上方村出了一位太学生方清沛（1784—1862），字霈泽。

清沛公从小就聪慧，孝敬双亲，友爱诸弟，能认真负责做好自己的本分之事；及年长，经理家务，无不井井有条，里外无闲话；重农养畜，使一家老少各有执业。所以，家口虽多，却家道日盛，故父亲克颐公举一切家政，委使治之。

清沛公乐善好施，遇地方上造桥砌路、立庙建亭，或亲身董其事，或捐资助其成；对公益事业也乐于奉献，如管理大小宗祠数十年，唯公唯慎，废者举，而缺者补，分毫无所私。

正因为清沛公威望高，故族中暨乡邻，倘有纷争赴诉于清沛公，清沛公为之准情酌理，判断是非，折以片言，最后众人无不慑服。

清沛公非常重视教育，督促其孙方聚星（方燿建，字克家，考讳聚星，字光斗，号连三，郡庠生）习文练武，后中武进士，曾任上海守备等职。

正因为嫡孙方聚星连中三甲，前程似锦，又出任守府，年轻有为。因此，清沛公家声大振，远近荣之，都称赞是清沛公之贻谋有方所致。

清沛公至老都精神矍铄，其孙虽在江南做官，多次来迎养，但清沛公都坚持不去，仍住在义乌老家，并带领诸子诸孙，勤修本业。凡器用、服食等同于普通人，从不讲究。有人问他，则回答："我孙官系武职，俸禄不多，只足自给。我不应以一家数十口人，连累我孙，使他有内顾之忧，而不能全心全意报效于朝廷。"

咸丰十一年（1861）五月三十日，太平军打到了义乌。过了不久，就探知清沛公有孙在江南为官，是个带兵的武将，因此，就把清沛公和他的儿子广川绑架到祠堂里，将广川戴上刑具，但对清沛公，因为年迈不加禁锢，唯好言诱劝清沛公，致书招其孙投诚，而后释其子。

事已至此，清沛公就暗地里抓紧训练壮丁，结联西乡田勇，为战斗做准备。

同治元年（1862）六月十五日，太平军和清沛公的地方武装，终

于接火。究因寡不敌众，势不力敌，清沛公遇害身亡。

　　同治三年（1864）五月初二日，方聚星向江苏省报明其祖父清沛公为国尽忠的事迹，承蒙江苏巡抚汇奏朝廷，向皇帝讨封；同年五月十八日奉旨交部，分别旌恤方家，并转饬义乌本籍，准予为清沛公立祠建坊，例封武功将军。

亦文亦武方聚星

傅 健

方聚星（1830—1890），字光斗，号连山；族名燿建，字克家，义乌县上方村人。武举人、武进士出身，官至福山镇标右营常昭城守都司，钦加总兵衔加三级赏戴花翎。

方聚星自幼立志做文武双全、报效朝廷的栋梁之才。弱冠之年即为郡庠生（秀才）。咸丰五年（1855），在乡试中考取武举人。咸丰六年（1856），方聚星考中武进士。咸丰七年（1857），方聚星任职于两江总督部堂武巡厅；咸丰九年（1859），方聚星任督标左营守备，二月署理江南督标左营守备；咸丰十年（1860）十二月，方聚星署理江南提标右营上海守备。这在旧《上海县志》中有记载。

方聚星也不辜负家乡父老乡亲之厚望，虽任上海守备之要职时，只有三十岁，但治军严明，与士卒同甘苦，有吴起国士之风。

时值太平天国战乱，清军兵骄将横。正好其他营的兵士酗酒滋事，殴伤平民，知县派衙役追捕兵士，却误捉方聚星部下数人，此事被方聚星所知后，就驰马索还，并挥鞭击公案数下。

一等到战事稍缓，后勤保障工作就要跟上，方聚星就下令抓紧整修兵事工防廨署，这在旧《上海县志》里，也有记载。

同治元年十一月，方聚星署理江南提标中营守备；同治二年（1863）十二月，方聚星署理江苏抚标苏州城守营右军昆山守备。这在旧《昆新两县续修合志》里也有记载。

同治九年（1870）四月，奉旨特授方聚星江南提标外海水师南汇守备兼南汇营水师游击。这在旧《南汇县志》里，也可以查到历史记录。光绪元年（1875），奉旨特授方聚星福山镇标右营常昭城守都司。

陈伯熙《上海轶事大观》曾经记载：光绪初年，彭刚直（彭玉麟）巡阅长江，督抚以下纷纷晋谒，方聚星亦照例呈脚本，刚直公阅方聚星的履历后，惊曰："此人汗马功劳，官岂止是乎？"次日独传见方聚星，嘉慰备至，且曰："君有大功而屈在下僚，老夫之过也。某巡阅事毕，必当专折奏闻。"未几，刚直公过世于杭州，方聚星也就以营弁终身。

光绪四年（1878）四月，因漕粮出力，案内奉旨赏加方聚星总镇衔，以协镇，即补加三级记录五次，并赏戴花翎；光绪十五年（1889）七月，翁同龢为方聚星夫妇作《六十双寿序》，赞曰：

> 海鹤姿清，寿麋乐洽；
>
> 高风企乎梁孟，仙偶媲乎刘樊。
>
> 策杖看花，喜春光之正媚；
>
> 捧觞舞彩，幸爱日之方长。
>
> 十里青山，俨列屏风于锦阁；

七绞水碧，知深琴韵于华堂。

光绪十六年（1890）二月二十日，方聚星疾终于常昭任廨，享寿六十一；九月扶枢回籍，安葬于方氏祖茔。生前诰授振威将军、总兵衔，赏戴花翎。

民国年间，远戚陈伯熙读其方聚星之家传，始知方聚星守上海之功，实为当时第一，因题一绝以纪之曰：

少年英俊喜登龙，慷慨犹传国士风；

得意一鞭驰马去，海潮呜咽老英雄。

矢志不渝方城顺

刘俊义

　　方城顺（1903—1994），字志清，后宅街道上方村人。作为义乌中共组织的发起人，他的历史贡献已写入义乌党史，他是义乌第一位农民党员吴溶品的入党介绍人，也是义乌第一批农村党支部的创建者，更是中共义乌县委

1924年，方城顺在金华第七师范合影

的筹建者。

　　方城顺十岁丧父，家境贫寒，由兄长辛勤劳作，节衣缩食供其读书。曾就读于稠川小学、金华浙江省立第七师范学校。1926 年毕业后任教于义乌香山小学。当时中共党员赵平生、方元永、马新超等人以国民党身份出面成立了义乌国民党县党部，香山小学成立了国民党香山区分部。方城顺于同年 10 月加入国民党。1927年 1 月，受派到国民党党务养成所学习，但因形势变化，改去设在杭州城头巷的杭州总工会，任秘书工作。2 月，由同在杭州市总工会

方城顺故居

工作的季达才、季外芳介绍加入中国共产党。"四一二"事变后，转入地下斗争，任省委交通员。

　　1927 年 10 月，省委派遣方城顺回义乌从事党组织创建工作。方城顺受命于危难之际，在国民党"清党"的白色恐怖之下，义乌的中共党员大多外撤，没有党员、没有党组织，党的活动几乎空白。但这一切难不住他，他的心中只有信仰，他的人生字典没有"恐惧"两字。他的第一个政治斗争的舞台从义乌开头了。他以义乌县教育科督学的身份为掩护，到义北各小学宣传革命道理。又在柳村、山口傅、前洪一带创办民众夜校和俱乐部。

　　他与同村的老党员方元永取得联系，向他传达了中共八七会议精神。方

方城顺在杭州华家池

元永向方城顺汇报了国民党"清党"情况，介绍了前洪农民领袖吴溶品积极斗争的表现。第二天，方城顺立即赶去前洪，与吴溶品进行面谈，并介绍吴溶品加入共产党。吴溶品后来成为义乌县第二任县委书记，于1930年被叛徒出卖壮烈牺牲。吴溶品入党后，很快就把前洪一带农民发动和组织起来，培养和吸收了一批青年农民的积极分子入党。到1927年11月，方城顺在吴溶品支持下在前洪建立了义乌县第一个党支部。到1928年初，又建起了山口傅、柳村、王前山、畈田朱等4个农村党支部。同年10月还建立了义乌中学共青团支部组织。时任柳浒小学校长杨友应是方城顺发展入党的。《杨友应传略》有载："他们研究要发展党员建立组织，必须和农民多接触、多联系；最好的办法就是开办民众夜校，很快就在柳村的上车门、新屋里、田里办起来，在柳浒小学办起了民众俱乐部，又称锣鼓班，大多是本村活跃分子，涌现了许多农民积极分子。"1927年冬，由方城顺、杨友应介绍杨兴海、杨可秋、杨小湖参加党组织。1927年底，柳村成立党支部，杨友应任支部书记。

1928年2月，方城顺到杭州向省委汇报工作，得到省委的肯定。省委委任他为筹建义乌县委负责人，要他回义乌继续发展组织，伺机建立义乌县委领导机构。

从历史的客观角度出发，在1927年10月至 1928 年 10 月，方城顺领导下刚建立的 14 个党支部，积极发动农民，宣传农民，在全县数个区域掀起了反封建反劣绅的农民运动，如柳村反对地主做道场做庙会的斗争及反封建迷信的斗争，如前洪反对恶霸地主的斗争，如畈田朱反对地主朱某某的斗争，此起彼伏，在义乌掀起了一场革命风暴。

1928 年 9 月，省委派王章有来到义乌。对义乌是否发动暴动与方城顺发生了争议，王章有认为，方城顺不赞成暴动是右倾机会主义，责令方城顺交出义乌县党组织的领导权。1929 年初，已经靠边的方城顺离开义乌到崇德小学教书，后转到萧山县坎山小学任教。1930 年，由于叛徒姚鹤亭的出卖，义乌党组织遭到破坏，方城顺也受到牵连，于 8 月在萧山被捕，12 月关入反省院，被判有期徒刑一年。1931 年 5 月，由省党部一位主任的亲友方青儒保释出院。后一直在外地教书，寻找党组织。但由于当时

方城顺在北京天安门前（1955年4月）

首都北海公园留影 1956.7. 北海公园服务社照相部

革命处于低潮，党组织十分隐蔽，方城顺始终未能如愿。

1937 年抗日战争全面爆发。方城顺回到义乌。1938 年初应吴璋邀请到吴店椒峰小学任教，从事抗日救亡工作。这是一所抗战文化的先锋学校。1938 年初，土地革命时期老党员吴璋从外地回到吴店，椒峰小学得以复校，并聘请方城顺等一批进步人士为教员。方城顺等教员富有实际工作经验，他们带领学生参加社会斗争生活，导演街头剧《放下你的鞭子》、婺剧《班超从戎》、话剧《捉汉奸》。椒峰小学在教员指导下，几位学生还办起墙报《烽火》，共出七八期，内容有农会、妇救会的活动和转抄自大报刊的文章。他还组织妇女识字班、办民众图书馆、成立讲报社宣传抗战形势，激发民众抗日热情。1940 年夏，吴璋调往新四军工作，后在皖南事变中英勇牺牲。

1942 年，义乌沦陷，在民主县长吴山民等支持下，成立了党领导的抗日武装八大队。

虽然他不再是中共党员，但在民族危亡关头，他心中仍然不忘入党的初衷，千方百计为党组织排忧解难。

有医疗一技之长的方城顺遂进八大队医务室行医。1943 年曾向时任八大队领导的陈雨笠、王平夷提出要求恢复组织关系。但由于吴璋已牺牲，一时无人证明，没有得到解决。1945 年，八大队奉命北撤。方城顺因家属问题没有随军，而是于翌年在义乌城里开设诊所行医。不久，金义县工委委员朱恒卿就把他的诊所作为联络点。他曾接待过在外地的义乌籍党员，他们中有何家槐、赵平生等。当年，方城顺又向朱恒卿提出了恢复组织关系，朱答应与领导研究一下。但不久朱被捕又被耽搁下来。

1949 年义乌解放前夕，经方城顺介绍入党的前洪人吴舜和担任路北县政府义北区区长。方城顺曾找到他要求解决组织关系。吴舜和满口答应，但由于工作太忙一直拖到义乌解放尚未解决。不久，吴舜和蒙冤被捕，此事又不了了之。

新中国成立后，方城顺积极响应党的号召，组织联合诊所走集体化道路。抗美援朝时，带头"捐献飞机大炮"，送子参军。1954 年，自费到北京学习

ZHEZHONG NEWS 浙中新报 11 记录 2007年1月24日/星期三 编辑：洪丹丹 电话：5592666 Email:hdl@jhnews.com.cn

你知道老照片上的这个人是谁吗？他可是义乌最早的党组织负责人——

泛黄老照片追忆红色岁月

纪者 高和平

老照片的故事
征稿启事
您在岁月无言，却有照片记录着您的真容。本报特开辟"老照片的故事"栏目，将透过老照片后面的人生、爱情、生死，以及又或曾经城市的变迁。
"老照片的故事"将穿越时光，向你诉说不一样的泪水欢喜，拨动意外的心灵弦歌。"老照片的故事"期待你的加盟！
联系电话：5592666
13857991110
Email:hdl@jhnews.com.cn

昨天，义乌中医院退休职工方樨华女士给本报送来了几张泛黄的老照片。照片上的人物穿着民国时期的服装，方樨华指着照片中的一个年轻人说："这是我父亲，原义乌县委负责人方城顺。"

随着方樨华的介绍，原义乌县委负责人方城顺的形象逐渐清晰起来——

家境贫寒刻苦求学
加入共产党图救国

1903年，方城顺出生在义乌后宅镇上方村，字志青。

方城顺自幼家境贫寒，十岁丧母，其兄长遭遇父亲的遗训，含衣缩食，辛勤劳作，供方城顺读书。1922年，方城顺没有辜负兄长的期望，考入金华省立第七师范学校（今乡第一中）。

刻苦求学期间，方城顺结识了一批进步人士。1926年秋，从邮范学校毕业后，方城顺来到后宅香山小学任教。同时参与国民党（左派）义乌县党部的筹建，响应北伐军进驻义乌。1927年初，他被派到国民党省党务养成所学习。

那时，国内形势紧张，第一次国共合作到了破裂的边缘。正在方城顺忙于筹建的杭州总工会向他伸出了手。1927年2月，杭州总工会负责人李立才、季外芳向往共产党的，介绍方城顺入了中国共产党。从此，他和自己工会组织的标兵。

"四·一二事变后，蒋介石进行"清党"，杭州总工会和各工会的负责人都遭到迫害。正在这时，方城顺根据省委"把党的工作重点转移到农村去"的指示，带着使命回到义乌。

带着使命回到义乌
积极筹建党的组织

1927年10月，方城顺积极回到义乌。一到义乌，他就与另一个共产党员，筹任第一届省党部委员的方元同联系，并同他下达了省委的指示。第二天，方城顺就到一位亲戚家叫做农家求助的素材。凭借这个农民的掩护，在交谈中，方城顺十分投资吴修品的进步思想，后来就介绍他加入了中国共产党。这是方城顺带着省委指示精神培养的第一位党员。

1927年11月，方城顺经省委介绍，到省北区（任共青团的负责人或筹划建立工作），在学校发展进步的组织，向学生们播种进步的种子。

1928年1月，方城顺向缙云汇报了在义乌发展组织的情况和其工作情况，方城顺的工作得到了省委的肯定，被省委委任为义乌党组织负责人。到1928年七月，通过方城顺和其他负责人的努力，义乌县已有党员150余人。

由于当时政治斗争的复杂，加之方城顺的组织党内负责人一踏遭到牵连，被戴上了"右倾机会主义"的帽子，被停职退回原籍。1929年正月初一，方城顺被迫离开义乌，先来到

动乱之中萌发爱情
开展抗日救国教育

在萧山任教期间，方城顺与周邻的关系很好。一次在同事中庭时，看到一位姑娘正在帮亲地洗衣服。就问这位姑娘是何人，同事告诉他，这位姑娘就身遭困难的学生，叫他静静地，她一边读书一道默默地等了要学费。

有着同样经历的方城顺，对这位学生特别关注。渐渐地，两人开始相恋，直至结婚。

1930年，他们迎来了第17天，方城顺把国民党的，这一去就是一年，杨静别却用在抗州读书的时候，多次给林中的丈夫送去衣服，当她得知丈夫的一名教书时，才算定了她对丈夫的爱，一直到终于结婚。

1937年，抗日战争爆发，一心救国的方城顺带着妻子在老家资助19名学生战斗报国。

1938年，由他介绍入在抗州的一生十多岁学到吴店镇樟峰小学任教，和妻子在那里教书，宣传抗日救国，讲抗战抗敌。在他们认真的教导下，吴店镇的同民党武装会议人员不动，周又争取了"党遇事的红军武装会党人十人队"。在吴店任教期间，学校用的课本是方城顺步行50多公里从金华买来的，图文课本是却编制的《战时读本》，音乐课是

是《抗战歌曲》。为了让学生们形象地理解抗日救国的含义，他将《姊妹偶儿游》的创作成最新的形式，挂在教室周围，同学生很。方城顺的教学与传统教法不同，让学生们眼前新鲜，更易领会。

2006年5月，曾在吴店樟峰小学上学，后从南京军区离休的吴维正说出人：《怀念方城老师》中也将每逢那年、每当我回首往事，我深深地觉得，让我最初知道抗日救国、革命本源教的道理，引导我走上人生正确道路的老师是方城顺、杨静明三位，他们是我真正的启蒙老师。

免费救助贫困民众
年过半百苦学针灸

抗战胜利后，方城顺在义乌家乡开设了门民生诊所，救死扶伤，常常为贫困百姓免医送药，不要文

1954年，为寻求既简便又有灵疗效的治疗方法，已经年过半百的方城顺，毅然走北京学习针灸。

针灸疗法。他的想法很朴素：老百姓生活困难，而西药费承担不起，所以有病就熬着；要是学好针灸，免费为百姓诊治，也是革命者的初衷！ 1955 年，到北京中央马列学院医务室工作。1956 年调回义乌县人民医院工作。1973 年退休。在这期间，方城顺一直没有停止过要求恢复组织关系的请求，但均因各种原因而未能如愿。1994 年 5 月 29 日，方城顺抱着这终生遗憾离开了人世。

新中国成立后方城顺曾担任义乌县第三、四、五、六、七、八各届人民代表大会的代表。他的一生都贡献给了党的事业，值得后人敬仰和纪念！

誓言无悔方元永

刘俊义

方元永

方元永（1907—1991），后宅街道上方村人。如果对他的革命生涯做一个回顾，他是全县最早回义乌开展革命活动的共产党员之一，是第一位国民党义乌基层组织的负责人，是第一份现代义乌革命报纸的主编。

方元永小时候家庭富裕，家有水田百亩，但多为山背田，不但开垦困难，而且山地贫瘠，耗去几代人的心血才成肥沃的良田。父母不甘心子女做田舍郎的命运，竟一心一意培养方元永读书上进。

方元永九岁入稠川小学读书，毕业后入浙江省立第一师范学校就读。当时方元永成长的时代是一个怎样的时代？就是处于内忧外患、东西文化碰撞、社会激烈变革的年代。他所就读的浙一师又是一座怎样的学校？在老校长经亨颐开明进步的办学方针指引下，成为浙江五四新文化运动的中心，涌现出了一批以义乌人陈望道为首的新文化运动的闯将。陈望道与一师进步教员一起，投身于反帝反封建的国文教学改革，引发了震动全国的"一师风潮"。在这样一所具有反抗精神的校园内读书，对方元永触动很大。共产党在一师也很活跃。他接受了党的教育，树立起革命的信仰，于 1926 年春加入中国共产党，负责学生工作并参与进步刊物的编辑出版。在工作中发展一些同学入党。是年夏，方元永毕业。组织上派他回义乌开展革命活动。从此，他的人生虽然坎坷，但他的信仰始终如一。

方元永只身回义乌后，就有金华的共产党员朱建民前来联系。他们准备在金华筹办一家青年书店作为宣传革命文化，从事党的组织活动的基地。他俩号召每位学生出五元钱，多数学生无力提供，此事因资金无着而流产。筹办书店不成，不久，受聘到东河香山小学任教，以教师身份为掩护，从事革命活动。在重阳节的曹村庙会上，组织散发反帝反封建反军阀反土豪劣绅的传单，引起很大震动。

方元永回义乌之时，正值第一次国共合作进入关键时期。1926 年，在中共党员帮助下，国民党浙江省党部成立，中共党组织和国民党省党部先后派员到金华各县筹建国民党基层组织，迅速组织开展工农运动，发动各界民众支持北伐，掀起了反帝反封建的高潮。

此时，国民党浙江省党部任命共产党员童志沂为义乌特派员，负责义乌国民党左派的建党工作。童志沂来到义乌后，与方元永取得联系，要方元永等人以国共合作名义组织国民党的区分部。1926 年 10 月间，在共产党人的主持下，义乌县国民党的第一个区分部在香山小学成立，方元永成为义乌第一个国民党基层组织的负责人。

香山区分部成立后，童志沂已调任严属地区特派员。于是方元永约请在金华的共产党员马新超回义乌工作，以便共同筹建国民党义乌县党部。这时，共产党员丁有容从杭州回到义乌，左派国民党员刘逸天从严州回到义乌。方元永与他们合作，经过反复商议，决定在义乌县城成立国民党义乌县党部筹备处。在筹备处的积极推动下，全县 2 个区分部先后成立起来。11 月，共产党员赵平生受省党部委派回义乌从事革命活动。赵平生回到义乌后与方元

方元永故居

永取得联系，在义乌县城阜亭酱园孟允庆家建立起党的秘密联络点。规定对外通信联络的代号为"袁当甫"。孟允庆、孟荷珠、何朗然等一批新党员都是在那个时候发展的。12月下旬，国民党义乌县党部正式成立。县党部的七名执行委员中有五名是共产党员。其中方元永任宣传部部长，并负责主编《乌喊报》。该报创刊于1927年2月，4开2版，单面石印。宣传打倒帝国主义、贪官污吏、土豪劣绅和实行减租、废除苛捐杂税等政治主张，为大革命的兴起推波助澜，鸣锣开道。到4月份停刊，仅出2期。

1927年"四一二"事变后，义乌进行全面"清党"，方元永被通缉。于1928年离开义乌，去萧山上堡村一带教书并从事革命工作，曾任萧山县共青团县委干部。翌年，参加党的互济会工作，介绍同学蓝水湾入党，并发起过"秋涛"文苑社，撰文进行革命宣传。

1930年，曾在义乌工作过的姚鹤亭叛变，义乌被捕同志多人。1931年，方元永匆匆去杭州横河小学与蓝水湾联系，被守候的密探逮捕。根据"文化大革命"中方元永的交代材料《我与反省院》，说明方元永的中共党员身份并未暴露，一则是因为与义乌清党委员何政涵是相识的，故未咬定他是"共产分子"；"清党"后他的堂表兄在县党部工作，想方设法为方元永"洗脱"与共产党的关系，所以方元永的共产党嫌疑近乎没有了。至于他被捕，唯一的"罪证"是萧山"共案"破获时发现方元永写给同学的通信。由于"罪证"不足，中共党员的身份又未暴露，故只被判10个月的徒刑，关进省反省院长达18个月，就此与党组织失去联系。1932年冬季保释后在杭州从事教育工作。其中在杭州王家井小学任校长3年，办学成就显著。

1937年，方元永回到义乌家中，在村里办起民众夜校，宣传抗日救国思想。不久，应吴山民、吴璋邀请加入义乌县政工队，在指导室工作。其间，编辑发行过不定期的《义旗》，开展革命活动。

1939年，方元永离开义乌政工队，去云和政工队任副队长。由于国民党右派极力攻击，估计立不住脚，被迫回到义乌。方元永应邀在赤岸任教一年，接着应尹庚之邀到开化县行政干部训练班任教官，做抗日动员工作，至日军入侵义乌的前三日回到上方家中。日军入侵义乌的第二天，方元永胞弟方元兴被杀害在上溪，家中失去骨干劳力，方元永不得已投身务农，从此与革命失之交臂。

在村民的口碑中，方元永是一位热心公益的领头人，只要有益于村民生产、生活的大事小事，方元永都主动去做。村边溪流上的堰坝，和村中的麻车屋，都是方元永组织村民，一砖一木造起来。他一生勤俭刻苦，不抽烟、不饮酒，多余的钱财大多花费在革命事业和公益活动中。据他的儿子回忆说，抗战时期方元永曾把20担大米捐赠第八大队。

义乌解放后，方元永家被评为地主成分。直至1979年才落实政策摘去地主分子帽子。后义乌县委承认他为老革命，按月发给生活补助。1991年1月，方元永走完了坎坷的人生道路，与世长辞。

德才兼备方元超

王锦豪

方元超

方元超（1917.12 — 2013.12）出生于川塘望族，生性耿直真诚善良，有才干且胆量过人，敢担当善作为，深得村民喜爱。因而在上方人的眼里，他不仅仅是位潜心教育的人民教师，更是铮铮铁骨的时代骄子。

"1924 年 9 月，父亲就读于稠川学堂小学；1930 年，义乌县立初级中学读初中；1933 年，到杭州读师范。毕业后，在杭州任教。"回忆起父亲方元超的点点滴滴，方效飞言谈之中显得时缓时急，生怕漏掉一些"重大事件"。"1939 年，父亲加入中国共产党，参加革命工作，并化名'阮肖'，积极从事地下党工作，为党组织搜集情报，发展壮大地下党组织。1942 年，日寇侵陷浙东，父亲参加金萧支队。在极端艰苦的环境下，父亲从事抗日斗争工作。一直到1945 年日寇投降，我军北撤。因为没有接到撤退通知，父亲没有北撤，因而与党组织以及部队失去联系。"

夜漫漫，雾蒙蒙，重振河山待后生。1947 年下半年，方元超在杭州梅

方元超（前排右一）

家坞小学教书，他的同学翁锦华在杭州市内小学教书，都是与党组织失去联系的，想找到关系继续革命。不久，翁锦华街头偶遇老同志毕平阶。而后，由毕平阶主持，联系那些"失联"的同志，组织了"中共浙西特委"。这时的毕阶平、谢中波、翁锦华、汪霖、蔡剑飞、李修业、车学夫等，大都已成小学教师。到11月初，特委遭到国民党破坏，所有人员被捕，并牵连到刘明。后通过各种关系，才陆续得以释放。

机缘巧合。1949年春，方元超到武康县上柏湘溪小学教书，校长即是汪霖，刘明也一起任教。当时，翁锦华在德清简师任教，蔡剑飞是德清城关小学校长，大家彼此很近。于是，由毕阶平、谢中波等牵头联系，重新组建"中共浙西特委"。后车学夫到皖南去找组织，找到党的领导孙章禄。不久，车学夫从皖南带回党的指示，"立即发动武装斗争，迎接解放军渡江南下"。于是，在武康通过汪霖的关系，策动了国民党军官吴月部队的起义，成立了"江南人民解放军浙西一支队"，以吴月为支队长，刘明为政治委员，汪霖为副政委，方元超和车学夫任指导员，部队人数约200人编为三个中队，在武康、德清一带乡下驻扎。五月初，国民党军政机关溃逃时，进行了阻击，随后进驻德清城里。此外，毕阶平在塘栖策动了国民党部队起义，成立了"人民解放军浙西第二支队"。毕阶平为支队长，谢中波为政治委员。随后进驻杭州市。

"用心做事业，用爱做教育"是方元超一直坚守着的信念。随着解放军进驻德清后，起义任务圆满完成。方元超他们将武器装备交给解放军七兵团二十三军一九九团，由团政委陈烙痕接收，被安排到杭州市军管会地下工作人员培训班学习。之后，方元超分配到义乌中学任教，毕阶平、谢中波、车学夫等到杭州市公安局工作，汪霖仍任武康县上柏湘溪小学校

一、沁园春
——咏方大宗祠

方元超

方大宗祠，瑰丽恢宏，气象万千。
看门栏排九，辉煌广大；中厅坐七，巍峨庄严。
后列寝堂，西旁花厅，更有双池护石栏。
大门外，有石狮赳赳，溪水潺潺。

祖先鸿业相传，数岁月悠悠四百年。
是国家文物，闻名远近；人民财富，宝贵非凡。
大力维修，精心保护，焕发容颜更壮观。
将永远，为子孙造福，德泽绵延。

刊《婺星》一九九八第一期

长，蔡剑飞仍任德清城关小学校长，翁锦华在德清县中任教。

都说"铁打的营盘，流动的兵"。1952 年 2 月，方元超被安排到东阳初级师范学校担任文史教师、语文教研组长。1957 年 8 月东阳初级师范学校撤销，改为东阳第五中学分部，方元超在五中分部继续任教。

之后的特殊年代，方元超他们被当作叛徒、反革命，被捕入狱甚至被判刑，受到种种折磨，依然不忘初心。这期间，方元超先后三次写信给中央，揭露林彪的反革命罪行，却换来牢狱之灾。

好在公道自在人心。后来，方元超他们都做了平反。1981 年，方元超返聘回校任教。

"夕阳无限好，人间重晚晴。"1985 年 5 月，方元超参加义乌县志编纂委员会工作，采访编辑了《日寇暴行录》《义乌营》《日寇在塔下洲的暴行》《楼辉秀傅勤仁队伍》《汉奸王升及其伪军》《日寇轰炸佛堂的暴行》《日寇烧杀王阡的暴行》等大量文章。1987 年 10 月，受塘李乡文化站邀请，与方元荣、方华山、陈汝正、曹增碧等，编写《中国民间文学第三套集成》，并筹备乡老年协会。至 1988 年 1 月召开老年代表大会，成立塘李乡老年协会。1990 年 10 月，协助乡文化站编辑出版《稠岩》月刊。1999 年《川塘方氏族志》重修，任顾问、编委，乐此不疲发挥余热。

"生命不息，奋斗不止。"这就是方元超真实的写照，村民如是评价。

古建遗韵

古屋、古桥、宗祠、庙宇……幽深厚重，遗世独立，是一首凝固的诗，一曲无声的歌，展露着上方村悠久的历史文化，深厚的人文底蕴。

走进上方，翻宗谱、访老人、寻古迹、溯源宗，仿佛穿越时空与古人对话，在陈年旧事中感受古建背后的遗风神韵，领略古典建筑的独特魅力。

五常堂：兄弟同心兴家业

陈金花

古建筑不仅仅是一座宅子，还是一本散发着书香气的线装史册，是一个概念，一段历史，更是一种文化。上方村的五常堂（又名进士第）就是一座承载厚重历史、蕴藏深厚文化的清代建筑。

五常堂匾额

对比鲜明的白墙黑瓦、错落有致的马头墙……在五常堂外面远望其外观，感觉眼前的这座古宅同一般的古建没什么两样，待踱过短短的香安桥，伫立在宏伟庄严的进士第大门前，置身于古朴典雅的厅堂内，才会发现它的与众不同。

进士第外开八字台门，前置抱鼓石，檐枋上悬挂有"进士第"牌匾，由东西并联的正屋与横屋组成。门前有流水相绕，对面有青山相望。这种独具匠心的设计和建造，在义乌域内的古宅中十分罕见，更具建筑、文化等历史研究价值。

推开"吱吱"作响的木门，就像转动了光阴，那隐现着沧桑岁月的雕花门窗、雅致连廊，虽已褪去了昔日的色泽，却依然展现着镂刻的精妙和考究；那一幅幅渔樵耕读、动物神武的图案，透露出方氏族人耕读传家、崇文尚武的风貌；粗壮坚固的梁架木柱，依稀传递着主人昔日的殷实和富庶；而静置角落的陈年桌几，不免让人想到主人家宾客谈笑、觥筹之间，有多少往事可成追忆，它背后隐藏了多少沧桑与荣耀？

五常堂坐北朝南，总占地面积 1092.70 平方米，分上下两层，内有左右厢房各十间。主体建筑的正厅中间屋顶木质横梁上雕刻着各种花鸟鱼兽，不

五常堂正厅

69

但雕工精细，栩栩如生，且鱼兽多为勇猛神态，这可能与方家崇尚武艺有关。正厅通往两侧厢房的门与大门一样呈现顶部弧形，并镶画有青灰色边框。这种弧形的门窗与马头墙一样在整个建筑得到普遍应用，构成了整个府第的一大建筑特色。

据《川塘方氏宗谱》记载，五常堂系咸丰乙卯年（1855）武进士方聚星五兄弟即方燿建、方燿达、方燿超、方燿连、方燿秩齐心合建。"五常"即仁、义、礼、智、信，寓意兄弟同心、百业兴旺，故得此名。

义乌有关资料显示，义乌在 1300 多年的科举历史上，考中进士的只有203 人，其中 90% 以上为文科进士，武科进士可谓凤毛麟角。可以想象，当时方聚星考中武科进士，是多么光宗耀祖、名闻遐迩的大喜事。

五常堂花灯

"方聚星中进士前，家里原有三合院一座。按照惯例，中进士后即可起造新府第——进士第。于是方聚星出资与几个兄弟合建，新增门楼、厅堂等建筑，改换门庭。"上方村原村委主任方华弟说，正厅四根楹柱是柏、梓、桐、椿等树种，寓意"百子同春"，象征着百子百孙、人丁兴旺。进士第前原有一堵照壁，还有一块旗杆石。据老辈人说，文官到此要下轿，武官到此须下马。

倘若时光可以倒流，回到进士第最热闹繁华的年代，想必眼前的这幢府第是多么的光鲜亮丽，充满精美和繁荣的气息。

上方村老人方柏青在《上方村的回忆》中写道："……时我祖父兄弟有五，取堂名为'五常'。我祖父'燿'字辈，兄弟五人，长燿建字聚星，习武，清咸丰丙辰（1856）中进士，授江南提标右营上海守备。次燿达字聚英，三燿超字聚华，亦练武，各中武秀才，兄弟例授千总。四燿连字聚光，负责督管农事，兼理内勤。五燿迷字聚廷，即我祖父，修文，也中秀才，坐馆教书。乃耕读家风，树德门第也。斯时，各司其职，合家兄弟、妯娌、儿孙女媳等二十余口同灶共餐，田地山塘产业在全村也算首富。虽非大富大贵之户，但亦称得上赫赫有名家庭，誉满乡邻。"

时光漫漶，岁月逶迤，历史的风雨打尽粉墙黛瓦。100 多年间，这座气势恢宏的进士第也遭到了无情的摧残。至今仍居住其内的于彩香说，五常堂曾遭遇两次劫难，第一次是日本鬼子来村里烧杀抢夺，房子被毁得比较严重；

第二次是"破四旧"时，堂中文物、牌匾被砸，木刻、浮雕被划，门窗、牛腿等也受到不同程度破坏。

"20 世纪 70 年代初我嫁到上方村时就住在五常堂，当时好像有四十多户家庭生活在这里。每户人家的房子都是阴暗杂乱，破破烂烂的。"于彩香回忆道，10 多年前村里对五常堂小修过一次，2018 年由政府出资 300 多万元进行了大修。修缮后的五常堂修旧如旧，基本上恢复到了以前的模样，被列为义乌市文物保护单位。"大修前后，变化最大的是村文化礼堂设立在这里。目前只有我家和另外一户人家还住在里面。为方便管理，村里让我担任文化礼堂管理员。"

漫步五常堂的角角落落，书画室、红色书屋、大讲堂、陈列室、游客服务中心等一一映入眼帘。如今在上方村民眼中，这座由进士第演化而来的文化礼堂，是群众的大课堂，是文艺活动的大本营，是孩子们的快乐地……

在数十间大大小小的陈列室里，展示着上方村的历史人物、红色人物、村史村貌、风俗特产、乡村巨变、发展宏图等各式资料。每一间古今交融的陈列室，仿佛都活跃着方氏族人的身影；每一篇娓娓道来的文章，都散发着浓郁的历史文化气息；每一段朴实无华的字句，都陈述着上方的昨天、今天和明天。

古屋已渐渐失去居住的价值，但却成为文物，成为后人观赏、凭吊、寄托思古幽情的处所。她就像一位历史老人，竭力为人们遮风挡雨后，又焕发着另一种光，让人肃然起敬！

历经 100 多年的

五常堂文保标志

窗棂

沧桑巨变，五常堂依然淡然从容，如同一位安详平和的老人，静静地品味着那份孤独与喧嚣。

五常堂木雕

清代围屋：守望历史展遗韵

陈金花

围屋是客家人居住的主要建筑形式，与北京的"四合院"、陕西的"窑洞"、广西的"杆栏式"及云南的"一颗印"，合称中国民间五大传统住宅建筑形式。

在后宅街道上方村，有几处介于四合院与客家围屋之间的清代建筑。据说前些年，义乌有关方面专家在上方村考察时，置身规模宏大、独具特色的古建筑群内，连连感叹"这就是清代围屋呀"。于是这些静默了上百年的古宅就有了一个响亮的共同的名字——清代围屋。

"上方围屋主要集中在村中间这片区域，以前延续下来分别叫里门堂、小八门堂、中元老屋、文学锦奎门堂等。"上方村原村委主任方华弟介绍说，这些围屋有近 6000 平方米，大大小小 140 多间房子，里面住着相同姓氏的数十户人家，围屋是他们的家族之根。

几处清代围屋连片分布，已处在新居包围之中。新盖洋楼格局风貌与旧有宅院、粉墙黛瓦不太协调。我们的目光不经意间飘过，感觉历史与现代在眼前交错流转。

街巷又窄又深，路面以鹅卵石铺地，或在中间铺路心石，如果下雨，雨水就能顺势排入两边的明沟中。青苔、野草在石子路上蔓延，阳光斜斜地印在斑驳的砖墙上，古朴的气息在小弄堂中弥漫。青砖、粉墙、黛瓦，以黑、白、灰的层次变化组成单纯、统一的建筑色调，具有质朴典雅之美。

　　走进其中的一处围屋，眼前出现一个空旷明亮的大天井，一间间古朴的木房呈回字形分布，走廊悠长，木柱林立。走廊木檐上雕刻着栩栩如生的蝙蝠图案，寓意平安幸福，里面的木构件部位也有一些精美木雕，但格子门窗没什么雕刻，简洁明了。围屋整体门楼面阔，明间敞开，次、梢间用板壁隔断，前檐设廊，通过厢房（过路间）与外界相通。

　　中国人自古崇尚"天人合一"，故而中国庭院讲究上通天，下接地。四围成院，围而不隔，隔而不断，内外相通，熙熙家园，融融天地，此成为中国住宅之精粹。上方村这些四合院式建筑，体现的正是"天人合一"的居住理念，好比一座露天的大起居室，把天地拉近人心，让人与自然融合。

　　围屋中的建筑为清一色墙木结构，由于风格相同、结构相同，外村人进村会难辨方向，犹如进入迷宫。"这里还有个笑话。因为村落巷道十分相似，房子也长得一样，以前新嫁过来的媳妇出门挑水，不熟道路加上害羞，都是低着头，所以在回来的路上经常迷路，经常出现进错房的情况。"村里的老人笑着述说当年的轶事。

　　在几处围屋之间穿行，我们还发现一大特色：这里的几大院落之间都是相通的，有些房屋用拱门相连，有的用架空通道相连。方华弟说，先人可能考虑到村里人都是亲戚或同族关系，这样走

连廊

动起来比较方便，下雨天可穿布鞋，也不用带雨伞、戴笠帽。

徜徉在清代围屋，有一种穿越时空，与先人对话的奇妙感觉。这里的一院一屋，一门一窗，一廊一柱，都凝结着先人的智慧与汗水，寄寓着他们的期盼和祝愿，记录着他们曾经宁静美好或艰辛多难的生活。

漫步于清代围屋，历史深处的一幅幅热闹琐碎的生活图景迎面扑来：清晨，鸡啼破晓，吆喝起床声、锅碗瓢盆声、出门劳作声，在四合院上空交织回荡，打破了乡村的宁静；中午，炊烟袅袅，从地里赶回家的妇人们，烧饭、做家务、喂小孩一顿忙碌，事毕在院子里呼唤一声，一个个拎着饭菜的身影很快隐没在田野中；傍晚，饭菜飘香，辛苦一天的大小劳力或坐在门口喝点小酒，或捧着饭碗沿走廊溜达，打趣、叹苦、聊收成；逢年过节，同族人则兴高采烈地一起贴对联、放鞭炮、祭拜先人，处处弥漫着浓浓的乡愁。

百年围屋历经岁月打磨日渐苍老，但它仍敞开胸怀为一些住户挡风遮雨。晾晒的衣服、张贴的春联、随意摆放的农具、花盆里栽种的蔬菜，使这里弥漫着生活气息。方华弟说，住在围屋里的，一般每户只有一两间房，随着生活水平提高，一大半住户搬到外面新房了，目前这里还住着30多户人家。

有业内人士表示，上方清代围屋是义乌民居中的精华之作，是目前浙中地区留存下来最大最完整的围屋，具有重要的历史文化价值。

"由于人口增加，住房不够，围屋空阔的天井上一度抢建了不少房子。前几年村里统一对此进行了拆除整理。"方华弟遗憾地表示，一直以来，这些围屋没有得到好好地修缮。村里曾先后接洽了几家单位准备启动"保护围屋"项目，但由于多方原因没有成功。

与四周高大时尚的楼房比起来，上方清代围屋就像一位老态龙钟的老人，正羸弱地呼吸着现代文明的气息。不过，虽然历经一个又一个风雨飘摇的年代，它依然顽强挺立，于一个世纪后的今天，向守护她的后人们展示着那刻在岁月里的沉寂与沧桑。当然，它也热切地祈盼着世人的关注和抚慰。

香安桥：袖珍古桥越百年

陈金花

义乌境内自古溪流纵横，河湖交错。石桥、木桥、板桥、拱桥……千姿百态、风格各异的桥星罗棋布，点缀于青山绿水之间，见证着岁月的沧桑，诉说着古老的传说。声名远扬的上方香安桥据说是义乌长度最短的一座石拱桥。

沿着穿村而过的蜿蜒小溪溯流而上，很快就来到村广场边的香安桥。春意盎然，生机勃发，溪边几棵梅树花开正艳，把小小桥身遮掩了大半。如果不是桥两侧的红色栏杆，还真发现不了这里"藏"着一座袖珍古桥。

说它袖珍，真是名副其实：该桥南北横跨香溪之上，桥北通进士第（五常堂），桥南接贯村大路，为单孔石拱桥，全长 2.35 米，桥面宽 1.56 米。拱券纵联分节并列砌筑，净跨 1.95 米，矢高 2.1 米，桥面用 4 块条石，并列铺设。游人至此，三四步即可跨过，因此当地人又称其"三步桥"。

说到"三步桥"，不由让人想起苏州网师园的引静桥。据说，它是中国园林里最短、最小的拱形桥，长 2.4 米，宽 1 米，造型优美，颇像苏州出产的精雕细刻的工艺品。如此看来，谁是中国最小的古代石拱桥就不言而喻了。

香安桥虽小巧玲珑，但桥上构件颇为齐全。桥耳朵、桥心石、拱券石、引桥应有尽有。暗红色木栏杆是 2020 年构筑的，为安全也为美观，更给古

香安桥前合个影

朴小桥增添了一份雅致。桥身纹理虽依然清晰，但岁月斑痕点点渗透，弥漫着老时光的况味，像极了一个家族的繁衍，生生不息，亘古绵延。

小桥的石拱形如正六边形的上半部分，坚固条石呈八字形稳稳地镶嵌在香溪两岸。桥下清清小溪终年潺潺不息，伴着乡民度过悠悠岁月。古堂、古桥与桥下流水、田园秀美风光交相辉映，似乎在不尽地诉说着这里的沧桑岁月。

香安桥古朴、简洁，没有多余的装饰图案，只有桥两侧拱券石上阴刻楷书"香安桥""五常造""光绪甲申年"字样。此款为确定建桥者及建造年代提供了确凿的证据。

一座桥，就是一段历史。据《川塘方氏宗谱》，咸丰乙卯年（1855），武进士方聚星五兄弟即方燿建、方燿达、方燿超、方燿连、方燿秩，齐心协力在香溪旁建起了五常堂（进士第）。"五常"即仁、义、礼、智、信，寓意兄弟同心、百业兴旺，故得此名。清光绪甲申年（1884），五兄弟又合力建了香安桥。

香溪在旧志中有记载，"香溪：县北二十里，源出香山，流入演溪。"据称，桥取名香安，一是该桥横跨于香溪之上；二是当有感于清沛公殉于国难，进士公际遇不公而发，是寄希望于后世子孙能够摆脱苦难，平安、顺利的祝福。

村里老人说，因为小溪只有两米左右跨度，在造好五常堂（进士第）后的近三十年间，可能只是在溪两边搭块木板或石板通行。但这总归不是长久之计，年岁渐长的五兄弟为给子孙后代留下更多的福泽，就想方设法建造了这座香安桥吧。

"香安桥体形小巧，石质坚硬，构造牢固，保存尚好，可以说是清代民间桥梁建筑的代表作，前些年被列为义乌市文物保护点。"上方村原村委主任方华弟说，2010 年 5 月，本着"修旧如旧"的原则，投资 6 万多元对该桥做了一次细致的修缮。桥身一侧"五常造"三个大字右下角刻有"庚年寅修"四个小字。

看夕阳归去，再回首，香安桥，承载着沉甸甸的历史，浸透着乡民的眷恋。石桥悠悠，细流涓涓，古韵新风，构成了上方村的血液和动脉，使这片古老的大地散发着青春魅力，变得更加富饶而美丽。

镇圣殿：香火袅袅数百年

陈金花

　　镇圣殿，一座已消失数十年、只留存于上方村老人记忆中的古殿，不知吸引了多少周边信众叩头跪拜？更不知为芸芸众生布施了多少恩泽和福报？

　　《川塘方氏宗谱》对镇圣殿的记载只有寥寥数笔："村旁有座古庙，名镇圣殿，大殿三间，规模不大，但年代久远。解放后佛像被毁，一九八〇年由村委决定投标出售方光寿户拆除建房……"

　　在上方村村民、八旬老人方金良的陪同下，我们来到镇圣殿原址所在地。只见这里白墙黑瓦的楼房一幢连着一幢，房前屋后花草树木摇曳生姿，一条三色乡村公路蜿蜒着伸向远方，车来人往，颇为热闹。

　　"镇圣殿以前在这个位置，三间平房坐北朝南，供奉着 6 个坐佛，四周用木栏杆围着。门前有一块空地、一条小溪、一口水塘，对面是葱绿的麻山、元宝山。"方金良老人边回忆边指着眼前的一幢二层楼房说。

　　镇圣殿始建于什么年代，供奉有哪些神像？方金良及在场的几位村里老人都摇头表示不知道、记不清楚了。在他们的记忆里，这座古殿全村姓方的人都有份，都参与管理，而且方圆十里的信众不时会来这里烧香许愿，过年时本村及周边村迎龙灯也会在此设斋祭请。鼎盛时期，整个古殿都被焚烧香火和钱纸的烟雾所笼罩。

以前，寺庙古殿，是人们最敬畏的地方，是人们精神寄托的场所，使大家同心协力，共同度过了旧社会那艰难困苦的岁月，共同抗拒了一年年，一次次的各种自然灾害，抚慰了人们受伤的心灵。一代又一代的善男信女们，伴随着庙宇的袅袅青烟，度过了沧桑岁月。

据说，镇圣殿的香火一直延续到 20 世纪五六十年代，受当时社会大气候的影响，香火才逐渐衰落，殿里的神像、龛盒、香炉、香案等物品相继遭到破坏。

"经过一次次的劫难，镇圣殿破败得不成样，村里也没钱修缮，后来就卖给村民建房了。"92 岁的上方村老书记方元华精神矍铄，思路清晰，说起镇圣殿，他的记忆似乎比其他老人深刻些，"殿里有 6 座彩色贴金神佛，中间两座，其中一座是镇圣佛，两侧各两座，最左侧那个是魁星踢斗佛。早先殿门口还挂有一块大大的牌匾，匾上的字记不得了"。

问及镇圣殿是什么时候开建的，方元华老人眯着眼睛陷入沉思："小时候隐约听太公提起过，800 多年前上方村始迁之祖文彬公看中殿四周风水好，就在殿旁动工造房，曾不小心碰到过殿屋基。听太公的意思，好像是先有镇圣殿才有上方村。"

不过也有老人说，镇圣殿可能只有三四百年历史，是当时上方村和附近几个村的方姓百姓为了祈求上天保佑、消灾免祸凑钱建起来的，应该是先有上方村才有镇圣殿。

到底哪一种说法更接近事实真相？镇圣殿的殿名是否因里面供奉着镇圣佛而得？这些疑问，上方村后人已无从考证。口口相传的片言只语，随着时光流逝，也会变得越来越模糊。值得欣慰的是，如今上方村百姓平安、富足、喜乐，活出了先人们希冀、期盼的样子。

一念起，万水千山。一念灭，沧海桑田。岁月匆匆，多少往事湮没在历史的尘埃中。世事多变化，留给如今的只是一抹淡淡的云烟和无尽的谜团……

遗安堂：精美古厅葬火海

陈金花

"遗安"一词出自《后汉书·逸民传·庞公》，意指予子孙以德，使其淡泊自守，安宁无事。

古时以"遗安"取名的建筑很多，是否寄寓着厅堂主人要求子孙后代坦荡做人，无愧于心，换得一生安宁的立世情怀？

上方村也有一座名为遗安堂的古建，据说是该村建得最早的厅堂。可当我们来到以前的遗安堂、现在的村老年协会，问起遗安堂的前世今生时，几个六七十岁的老人都一脸茫然，不知所云。

直到今年88岁的方金洪老人走进厅内，解释说这里就是遗安堂。大家才恍然大悟："哦！我们一直都叫它旧厅，倒把它好听的原名忘记了。"

"听我家祖上口口相传，旧厅可能是村里的永富公在200多年前建造的，开始时建在村后门塘的前面，不知什么时候迁移到现在这个位置了。可能这个地方风水好，前面还有一条小溪吧。"

在方金洪老人的印象中，旧厅只有一层三间大小的楼房，规模、面积虽不大，但厅里所用的木料都是上好的，梁架木柱粗壮坚固，结构严谨，门窗、斗拱、牛腿、雀替等雕梁画栋，造型美观，连厅堂上摆放的那些桌椅案几都雕工精细，传递着主人昔日的殷实和富庶。

百年建筑经不起岁月磨蚀、风雨蹂躏，旧厅像一位饱经沧桑的老人，在护佑一代代儿孙平安成长中渐渐老去，苟延残喘。不知何年何月，旧厅归村里所有，厅里曾办过民校，堆放过农具家具，摆放过龙头龙灯。旧厅前面的空地上，还建了几间沙石平房，遮掩了旧厅曾经的风光与后来的衰败。直到1952年，一场突如其来的大火把古老厅堂毁于一旦。

说起那场大火，当年18岁的方金洪老人记忆犹新，恍若昨日。他说，那几间平房是他父亲手里建起来的，后来家里急需一笔钱，父亲就把房子出典给村里一农户使用。契约上议定期限，不付利息，到期还款，收回房子。

"当时正是糖蔗收获季节，榨糖后的甘蔗渣焚烧后可做农田肥料。农历十月十六那天，那农户把刚烧过的蔗灰堆在家里，后半夜不知何故有糖梗叶掉进灰里，大火就烧了起来。"方金洪老人惋惜地说，这场大火，不仅把父亲的平房烧没了，把木头结构的旧厅烧得一干二净，还殃及左右三户无家可归，寄居柴房，使他们艰辛备尝。

那一夜，熊熊大火把村子映得通红，宁静的乡村一下子喧嚣起来。村民们拿着救火的家什从四面八方赶来,迅速投入到救火战斗中。火烧房子的"噼里啪啦"声，房屋的倒塌声，人们急切的呼喊声……似乎至今还在方金洪老人的脑海中回荡。让他印象深刻的还有，十月十五天气很热，十月十六却冷得出奇，那些救火的村民包括他自己，身上的水都结成了冰。

后来，村里在旧厅原址建了面积大小差不多的厅堂，只是木房变成了砖瓦房，雕梁画栋不复存在。该房一直为村里所用，用途一变再变，最终成为村老年协会。为方便老人出行和休闲，在旧厅与后面的堂屋之间搭建了一条几米长的带顶连廊。

老人们喜欢在旧厅看看电视、读读书报、打打扑克、谈谈国家大事、聊聊家长里短，或干脆坐在厅堂门前，安静地看着人来人往，听着流水潺潺，任自己的心事伴随着旧厅的气息，缓缓沉淀。

这座让上方村老人安享晚年的厅堂，如先人所愿成了名副其实的"遗安堂"。

方氏宗祠：凤凰涅槃展雄姿

陈金花

　　翻开记载，宗祠，习惯上称为祠堂，是供奉祖先神主、进行祭祀的场所，被视为宗族的象征。它见证了这个宗族的兴盛荣衰，代表着这个宗族成员的

方大宗祠创建者

方尧贯族长之像

方伯忠房长之像

仁慈处世，信义待人。
气质刚毅，容貌朴诚。
族之杰士，世之善民。
力建宗祠，以妥先灵。

貌古勿矜，正直无曲。
度量洪宽，襟怀洒落。
和敬待人，闾里咸服。
重建宗祠，子孙蒙福。

方大宗祠，始建于上方镇圣殿之东，明代嘉靖年间卜迁于塘下现址。世初草昧湫隘，规模甚小，至百余年而族生聚日繁，每当岁礼，祭人众多而容不下，计议造个大祠堂。到万历癸卯年祠堂忽圮。当时的族长方尧贯、房长方伯忠等人倡言说：是祖先在天之灵，示我以更新之机会。如不建造大祠堂，必会被后昆说我等是无所作为之人。便发动全族子孙捐钱献基出力，于万历甲辰年在原址拓扩建造，而成就了如今之规模的方大宗祠。

方梧炎／图、文

精神风貌，反映了这个宗族的凝聚力与向心力。

历经数百年风风雨雨、战火洗礼，方大宗祠在方氏子孙世世代代的守护下，保存完整，规模宏大。身处富丽堂皇、庄严典雅的祠堂，你会想到方大宗祠的古址——方氏宗祠，曾经是那么的不起眼吗？

据《川塘方氏宗谱》记载："方氏宗祠建于南宋时期，由方伯达（字通钦）营建，建于上方村镇圣殿之东五六十米处，因嫌规模狭窄、潮湿，于明嘉靖年间徙迁于塘下现址。此地后来又开垦成良田，土名祠堂基九斗。一九八六年又由乡、村政府丈量批给缺房户盖了三层楼房。可说沧海桑田，变迁多矣。"

上方村退休教师方朱福介绍说，据老辈人口口相传，方氏宗祠只有两间一层平房，低矮狭小，阴暗潮湿。随着时间流转，方氏人丁兴旺，祭祀时人多祭品多，小小空间容纳不下，急需建造一个大点的祠堂。于是大家有钱捐钱，无钱出力，历经60年三代人的努力，终于在塘下村那里建好了方大宗祠。

《川塘方氏宗谱》载录方氏子孙方梧炎的一段文字则更为详细："……世初草昧湫隘，规模甚小，至百余年而族生聚日繁，每当岁礼，祭人众多而容不下，计议造个大祠堂。到万历癸卯年祠堂忽圮。当时的族长方尧贯、房长方伯忠等人倡言说：是祖先在天之灵，示我以更新之机会，如不建造大祠堂，必会被后昆说我等是无所作为之人。便发动全族子孙捐钱献基出力，于万历甲辰年（1604）拓扩建造，而成就了如今之规模的方大宗祠。"

"仁慈处世，信义待人。气质刚毅，容貌朴诚。族之杰士，世之善民。力建宗祠，以妥先灵。""貌古勿矜，正直无曲。度量洪宽，襟怀洒落。和敬待人，

闾里咸服。重建宗祠，子孙蒙福。"这是《川塘方氏宗谱》上对族长方尧贯、长房方伯忠的描述和评价。

在两位德高望重者带领下，广大族人共同努力，众志成城，终完成重建宗祠之大业。可惜的是，祠堂被毁于太平天国运动中的一场大火。同治六年（1867），方氏族人又开始在原址上重建，光绪二十四年（1898）建成。

"七厅五堂九门栏，九级踏步五石桥。"如今呈现在世人面前的方大宗祠，气势恢宏，建造考究，风采独特。宗祠坐北朝南，分三进两廊一花厅三个院落，共有35间房，占地约2000平方米。建筑依山势而建，前低后高，寓意步步高升，三面纵贯三座五花马头，意为方氏族中连中三个进士。整个建筑与周边环境浑然一体，相辅相成，气势自显。

走进祠堂的大门，光阴瞬间轮回，门外是人间朗朗乾坤，门内却是悠悠

千年历史。抚摸着祠堂的一根根楹柱，凝视高高在上的斗拱、雕栋、檐柱、屋脊，观赏雕刻在房顶木梁、窗棂和门楣之上的细腻纤巧、精美绝伦的彩绘图案和古代戏文图案，一股怀古之情滋生在心头。

更令人惊喜的是祠厅前建有两口大池，池中架有双拱桥，使刚严的祠堂柔意顿生，诗意袅袅。一阵微风吹过，碧波荡起层层涟漪，也撩起了宗祠的些许神秘。除祠内清清两塘外，宗祠门前还有一条小溪潺潺绕过。因为门内有塘，门外有溪，方大宗祠就如古盆栽上鲜花般充满生机，一别那些高冷落寞、令人生畏的古祠院落。

"在义乌，保存这么完整的祠堂已经很少了。看看这飨堂、门厅台基，方池栏杆等都是明代留下来的东西。"一位在祠堂内漫步的方姓白发老人自豪地说，方大宗祠周围有 10 多个自然村，都住着方氏子孙。一些子孙迁至外地，其余的散居附近。这里是方氏后人大事要事的聚集地，除本地人外，每年还有外地的方氏后人前来祭拜先人。

从一座小小的、不起眼的方氏宗祠，浴火重生蝶变成不可同日而语的方大宗祠，从人丁稀少繁衍成家族庞大，人才辈出，一代代方氏先人倘若地下有知，该会怎样的自豪和欣慰！

胡相公庙：为民造福受崇敬

陈金花

春日的上方村后山，柴薪更为葱绿，密密层层的枝叶遮住了阳光；野花竞相绽放，沁人心脾的芳香陶醉了农人。

上方村的年轻一代可能不知道，一座小小的寺庙曾在后山半山腰顽强地"生存"了 20 多年，终因经不住风雨摧残、人为损坏，而湮灭在历史的长河中。

村里老人对这个寺庙的称法似乎有点异议。有的老人说是"吴相公庙"，但搞不清出处；更多老人偏向于叫"胡相公庙"。他们认为，这个胡相公就是被伟人毛泽东赞誉为"为官一任，造福一方"的胡公大帝。

据相关记载，胡相公，即胡则 (963—1039)，字子正，北宋名臣，永康籍人，后世尊称他为"胡公""胡相公""胡公大帝"。胡公三朝为政、十握州符、六持使节、两扶相印、惠及各方。他曾以整治钱荒，政绩显著而名重当朝，更以免奏丁钱，为百姓所爱戴，敬之若神。百姓为纪念他，给他盖了一座大殿常年用香火供奉他，希望他能保一方平安，造福子孙后代。

在永康提到胡公殿，那可是家喻户晓，也是永康人引以为傲的事。胡公殿是方岩山上香火最旺的一段，常年香火不断。传说胡公能够有求必应，能够给人带来才气和好运，所以每年都有大量游客慕名而来，他们不仅拈香执子烛而拜，还会带来贡品，像猪头、羊头等贡品朝拜胡公大帝。

"天下有胡公庙三千。"元代黄溍《胡侍郎庙碑阴记》记载"凡村墟里社，必为祈报之所。故公别庙布满郡境，不啻数千百区"；清代应宝时《重建杭州龙井胡公庙碑记》写道"浙东千里，几无一乡一邑无（胡）公庙"。当代，仅金华市域经官方正式登记的胡公庙宇就有 90 多处。

经查阅相关资料得知，大多数胡公庙或胡公殿规模较大，占地较多，梁柱粗壮，装饰辉煌，气势恢宏。那么，上方村后山腰上的胡相公庙是怎样的一座寺庙？

"那座胡相公庙只有一间平房，大概 20 平方米，没有砖头，没有围栏，只用泥沙石筑墙，里面供奉的应该是胡公大帝，上书'有求必应'四个大字。"年逾九旬的上方村老书记方元华回忆说，他七八岁时，村民方城法、龚梅等 8 人出资建了这个寺庙，平时也由这 8 人分工管理。胡相公庙距村里房子只有半里地，他经常和小伙伴们在庙里玩捉迷藏游戏。

据方元华描述，20 世纪 40 年代末期，内战不断，民不聊生，这些出资建庙的人手头没多少钱，只能简简单单建了个寺庙。不过他们都相信胡公大帝清正廉洁，威灵显赫，会保佑他的子民平安顺遂、健康幸福。

胡相公庙建好后，香火慢慢旺盛起来。逢年过节，常有人带着祭品前去烧香祭拜，想求子、求财的会到庙里求签。方城法等人每年也会挑好日子举办迎龙灯、叠斗等民俗活动，为寺庙增添了不少香火气。只是这座掩映在山林中的小寺庙，到底没能逃脱厄运的摧残，倒在了轰轰烈烈的"破四旧"运动中。

上方村的胡相公庙虽早已"灰飞烟灭"，但上方百姓对胡公的崇敬之情经久不衰、世代相传。

古村胜景

上方遍地皆景，且各具亮点，那迷人的田园风光，最有乡村风貌，处处洋溢着『桃花源』般的坦荡、精美，浓缩了灿烂的历史、地域文化的精华，让人久久难以忘怀。

古樟映照情悠悠

王锦豪

在上方村中央的溪旁，有一棵大樟树矗立在岸边。烈日下，斑驳的树影与水波交相辉映，微风吹过，树影摇曳，水波荡漾。

古樟树高约十来米，其干围一个人根本无法合抱，枝叶四面展开，犹如一把大伞。村子里最年长的老人说他们小的时候看到樟树就这么大，可能有一百多年了，具体长于何年何月却说不上。你看那沧桑的模样，足以为证明它所经历的风霜雪雨和千锤百炼。多少年来，古樟树备受村民爱护，从来没有人剥过它的皮，砍过它的枝。即使是枯萎的树叶自然落下，也是小心翼翼地扫在一旁，化为"春泥"，舍不得烧掉。这个传统，一直到实行垃圾分类后才改变。

不过，最让上方人留恋的古樟树，是现存百年古樟树的"老娘亲"，那干围需近十人才能合抱。一到盛夏酷暑时节，樟树下是最好的天然乘凉场所，高大、宽阔的树冠，给人们撒下一大片阴凉。田野的夏风从空旷的树荫下走过，使人惬意。即使没有空调的时代，那便是最好的天然空调。每当正午，树荫外烈日炎炎，树荫下却布满了竹床竹椅，村中的男女老少，悠悠地香睡在无蚊无蝇的香樟之下。金秋送爽时节，樟树上众鸟欢腾，脆嫩的樟子是鸟儿的美食。深秋时节，南飞的候鸟喜欢聚集在樟树枝头，天亮时分，众鸟惊飞，

94

场面十分壮观。

在上方人的记忆中，古樟树永远有高大魁梧的躯干和浓得化不开的团团绿云。它伞形树冠，掌形树身，龙形树根。苍兀多筋的树干如伞的骨架支撑着树冠，龙盘似的树根，紧紧扎进大地，吸收丰富的营养，滋养树身，让古樟永远巍峨屹立。

香樟树真是个神奇的树种！"我小的时候，这棵老樟树就有这么粗，通灵性着呢，不时散发出沁人心脾的香气。"今年已88岁的方锦洪老人，满面红光，精神矍铄地说："父亲经常跟我讲，在新开塘的东头，原本有一棵硕大的古樟树。虽没有人用尺子准确测量过樟树的大小，但从那要近十人才能合抱的树干，让人深深感受到它的硕大与伟岸。后来，由于种种原因，那一株樟树被伐用，成为上方人心头的痛。不过，若干年后，池塘的另一头长出了一株樟树，也就是现在看到的百年老樟树。"真的是太神奇了！"以前，我们方氏先祖，只要是建桥或者盖房时，都会种上几棵樟树，其实这是为了既能保持水土不流失，又能在树下乘凉。"一位不愿透露姓名的老人补充说道。

"春花秋月等闲度，暮去朝来颜色故。"当年的青枝绿叶，早已变成如今的"老态龙钟"。感慨之余，我猜测百年古樟之所以能够"沧桑历尽还坚劲，风雨如磐仍从容"，应该是离不开那一泓清泉流淌的溪流，离不开这一片丰饶的田垄沃土，更离不开百余年来一代又一代人的精心呵护。当地人都非常珍爱这棵树，把它当成活化石，是乡村变化的见证者。在他们眼里，百年古樟是忠厚的长者，是和睦家族的精神图腾、精神家园。

白云悠悠，岁月如歌，百年的古樟至今依然新春立枝头！

香安桥上话黄梅

朱英雄

潺潺的香溪之水，总是萦绕在我的脑海；傍溪而挺立的老梅树，常常游弋在我的梦境。又到了端午粽香飘逸，艾草菖蒲插窗挂门之时。我的思绪也随着那阵阵清香，飘荡到美丽的乡村——红色的起点上方村。难忘昔日的上方之旅。

"黄梅时节家家雨，青草池塘处处蛙。"这就是六月的上方。上午还阳光明媚，午后就会是一阵狂风骤雨，把上方山村来个彻头彻尾的洗涤。溪水涨了，川流不息地欢唱着，奔向田野；群山绿了，沐浴在雨雾中，百果园的杨梅娇艳欲滴，惹人喜爱；溪边梅树上的果子熟了，枝叶繁茂，苍翠葱茏，黄澄澄的梅子像一颗颗黄宝石，点缀在树冠，把娇柔的树枝压得弯弯，深深地探向溪中。站在梅树底下，树冠罩住了半边溪床，罩住了溪边小径，夏天是个纳凉的好去处。

老方的家就在溪畔，这棵梅树生长在溪边，也有三十余载。它目睹了上方村在历史长河中的发展历程，也将迎来上方村的美好明天。塘李园群里的老方，大家都知道他是一位豪爽大方的群友，最喜欢他在群里发的大红包。可惜一直只是仰慕其名，未见其人。这次与友方晨阳同游上方村进士第，在老梅树下邂逅老方。初见老方，穿着就是一位普通的农民，短发平头，鬓白

97

如霜，一袭短袖短裤，朴素无华；身体微微发福，一双深邃的眼睛透着内敛的微笑。他完全没有大老板的派头，平易近人。老方盛情相邀我们至其家中，香茶相伴，促膝长谈。

老方家有一幢"7字形"五层楼房。推开小院门，引人注目的是假山鱼池，泉水叮咚，如高山流水，清脆悦耳。几条锦鱼悠闲地游弋在水中，时而冒个泡，

梅子熟了

时而摇着尾巴躲进假山里。一种优雅清闲的桃源生活，这应该是老方乐居山村的原因吧！城里虽然有房子，还是喜欢住在山村舒适，新农村改造后，村里的环境变好，空气清新了，俨然是一个天然的氧吧。出门公路四通八达，到市场，到浦江工厂，只需一袋烟的工夫！大家环桌而坐，泡上一杯原生态的热茶，清香扑鼻，沁人心脾；摆上一篮原生态的梅子，玲珑鲜艳，入口酸甜；道上一声浓厚淳朴的问候，温暖如春，滋润心田。

　　茶过三斟，年近六旬的老方也打开了话匣子，回忆起孩时的上方，开始滔滔不绝起来。上方村四面环岭，有"九岩十岭"之说，交通极为不便，出入都要翻山越岭。东河方向有香山岭，川塘方向有雪封岭，李祖方向有戚宅岭，曹村方向有步墟岭、乌灶岭，陈宅方向有尖头岭，下万方向有大岭，柳青方向有蜂降岭，另还有团簸岭和将军岭。运送物资都要靠一根扁担挑进挑出，可见生活何其艰难。上方村的耕地、山林贫乏，不能自耕自足，青黄不接季节，常常要饿肚子。出麦时节吃面食，出红薯时节吃红薯，到了天寒地冻，只能挑着平时砍来的柴火，翻越蜂降岭，到柳青集市去卖。靠微薄的收入，换点粮食过冬。言到入情之处，老方陷入片刻的深思，仿佛回到了当年的沧桑岁月。

　　改革开放的春风，终于吹到了上方，上方的村民走上了致富的大道。四周的山岭都发生天翻地覆的变化。公路通了，高铁呼啸而过，民航在蓝天盘旋。百亩油菜花节，雨田农旅灯光节，百果园的杨梅，红色起点旅游线的开发，都吸引四面八方的游客慕名而来。昔日贫困封闭的山村变成了网红旅游村！

雨过天晴，凉风习习，走在香溪边的柏油马路上，心旷神怡。遥望群山氤氲，近看楼台亭榭，红砖碧瓦，一派人间仙境。送客长亭终须别，香安桥上话黄梅。香溪千里送君去，一纸难尽上方美。老方执意送我们到老梅树下，那慈祥幸福的微笑挂在脸上，像雨后洋溢着热情的阳光。老梅树上硕果累累，那一颗颗黄梅鲜艳夺目，在阳光下绽放光彩。那耀眼的光照射在我的眼镜上，迷幻了我的眼睛，我仿佛看见无数的黄梅，变成了上方村民创造的幸福果实，在红色的上方熠熠生辉！

巍巍挺立五指山

王锦豪

"我爱五指山，我爱万泉河"，一首荡气回肠的经典老歌，勾起无尽的遐想。当然，歌曲中的五指山是海南省五指山市，而不是上方村民津津乐道的五指山。

说真的，浙江多地有五指山的存在：永康有五指岩，诸暨安华则有五指山。山虽不高，玲珑剔透，却令人耳目一新。

翻阅《义乌县志》（1987 版），可以看到这样的记录："旧志：五指山俨然一手，势若探天。南向皆岩，高耸壁立如削成；北向五指分明，中指尖有石洞，俗名虎祠，尽于三角毛店。"原来，义乌境内有好几座五指山，赤岸三角毛店有之，后宅上方也有之。这一点，倒是意料之中的事。

上方的五指山，坐落于村庄的北面，由后山、金光山、山坞塘、五咆山、馒头山，这五座大小不一的山峰组成，默默护佑着村民的安全。它除了是上方的一个标志外，更多的是一个文化符号，且从始至终都自带话题。从古人取名到如今的传承，五指山都是模糊的，它没有一个精确的定位，甚至连方位表述都有点混杂。

五指山的得名，可谓是众说纷纭：一说因为该山体形似五指而得；另有一种说法，则来源于民间传说故事。相传，古时候有一位私自下凡的神仙游

五指山

玩到此，见此处风光独特，萌发就地隐居的念头。然而，天命不可违。玉皇大帝得知其住处后，立即派出天兵天将把他捉拿到天庭。可这位神仙实在太喜欢这里的景色，于是，他就把自己的一只手留在心间碎碎念着的地方。

故事总归是故事。可五指山的确是座聚集灵气的山峰，孕育着深厚的文化底蕴，成为村民的精神支柱，成为村庄的吉祥物。自此，上方成为远近闻名的博士村，村民勤耕好学、英才辈出。

对于那些喜欢旅游的人来说，有山有水的地方就是一个不错的选择。五指山高高低低、错落有致，这里植被茂密，鸟语花香，有着"上方卫士""天然绿肺"之美誉。走进五指山，你会发觉这里果然是休闲娱乐、寻找山野乐趣的好去处。徐徐的山风让人心旷神怡，走在野花吐露芬芳的山径上，尽情地陶醉其间悠哉游哉，远离城市的喧嚣与繁杂，沉迷于风景绝美中。漫步在安静、芬芳、优美、幽深的环境中，人们的嗅觉、听觉和思维活动的灵敏性可得到增强，使人顿感身心愉悦而神采奕奕。

五指山的名气不大，故而没有游人如织的场景。这样的环境，更显得山的幽深与静远。鸟鸣与蝉声交织在一起，仿佛警告我们这些闯入者，这里是它们的天堂。与山路同行，穿梭林间小道，犹如五指山包裹并融化了我，此时方能找到真正的自我。人于天地间，不过是沧海一粟，我与鸟、蝉并无区别。

有人说，看山犹如看书，那可是浓缩着天地的精华、岁月的沉淀！其实，在我的心中，五指山就是一本无字天书。这一座朴实无华的山，倒不用华丽的言语，只用连绵不绝的奇峰峻岭，生动地教育我们要做一个深沉的人，遇到困难要勇于面对，遇到挫折更应爬起来继续前进。那高高低低、或平坦或陡峭的山峰，时时刻刻告诫我们人生有高潮也有低谷，在高潮时不能骄傲，因为它总成记忆，而在低谷时则不要灰心，因为它也总得成过去。

来也匆匆，去也匆匆。就这样，五指山已深深地印在我的心中，期待下一次的重逢！

神秘莫测天宫山

王锦豪

人们一提起天宫山，自然而然联想到孙悟空大闹天宫的场景，仿佛眼前的这一座小山，就是当年孙悟空大闹天宫所遗落人间的。要不，这山就不会拥有这么好听的名字。

说起天宫山，在当地有一个流传不衰的古老传说，无形之中给它染上了神秘的色彩。相传，慧约法师年少隐居香山修炼时，突见附近的山脉隐隐约约出现金碧辉煌的皇宫，"常有云气覆之，阴晦时或闻箫鼓声，故曰天宫"。其祖得知便说自家孙子当能面圣，名扬天下。此事是真是假，已无法核实了。只是故事的结果，果不出慧约法师其祖所料：据史书记载，天监十八年（519）四月初八，梁武帝在建康（今南京）华光殿设无遮大会，修八关斋，受菩萨戒。当天，僧俗云集，有十万多人，香花伎乐，佛事盛况空前，慧约法师书写"愿皇成佛"四字而导。

要知道，这位慧约法师可是响当当的人物。据《神僧传》卷第四记载：释慧约。字德素。姓娄氏。东阳乌伤人也。祖世为东南仕族。有占其茔墓者云，后世当有苦行得道者为帝王师焉。母留氏梦长人擎金像令吞之。又见紫光绕身。因而有孕。便觉精神爽发思理明悟。及载诞之日，光香充满身白如雪。俗因名为灵粲。儿童时聚沙为佛塔。垒石为高座。七岁便求入学。即诵孝经

104

天宫山

论语。乃至史传披文见意。

　　带着几分好奇的心情,连忙投入到书籍中寻找天宫山的蛛丝马迹。在《义乌县志》（1987 版）中，有这样的记载：金华山干脉自旗鼓尖继续沿义乌、浦江界山东走至东河乡，有天公山。分支往南走，有香山（其地多枫香木，故名。昔有寺。上有香炉峰；又有夫人峰，以梁侍郎楼偃妻葬此名）；再走，有五峰山；折往东走，尽于塘李乡之鸡头岭。我不知道这里的天公山，跟上方人所说的天宫山是不是同一座山脉？其实，这并不重要，在于山的内涵、山的稳重。

　　天宫山虽比不上华山的深邃惊险，也没有黄山的雄奇秀美，更没有泰山的帝皇之气，却以独特的憨厚稳重独树一帜，尽显出上方人的风格。清晨的天宫山，是不加任何修饰的。从远处看，山上云雾缥缈，像人间仙境一样。朦胧的远山，笼罩着一层轻纱，影影绰绰，在缥缈的云烟中忽远忽近，若即若离。就像是几笔淡墨，抹在蓝色的天边。

　　沿着蜿蜒而上的山路行走，经山羊肠小道蜿蜒盘旋，不知不觉中进入密林深处。此时此刻，不禁让人领略到了古诗中"蝉噪林愈静，鸟鸣山更幽"

的意境。层峦叠嶂，覆盖着厚厚的野草，苍劲翠绿的松树，高傲地挺立在野草中，山风扑来，松涛声阵阵，此声拍打着心扉，舒畅开怀，尽情吸吮着风里甜甜的空气，宛如痛饮了一杯浓浓的葡萄酒，甜甜的醉，如花仙子飘忽其中。

天宫山现存的原始森林，人迹不至，莽莽苍苍，林木参天，遮阴蔽日。山上的苍松挺拔，青草葱翠；山间微风袭过，花香四溢，馨香扑鼻，沁人心扉。这山，静静的和谐，淡淡的孤寂。闲散的心境一如人生，慢慢地把岁月怀念，静静如水，淡淡如山。

漫步于森林之间，享受着乡村慢生活，如今这样的休闲模式，已成为广大市民追求的新潮流。曲径幽深处，偶有游客坐在斑驳的树影之下，当明媚的阳光透过树梢，铺洒到地上，那一刻的闲适与自然融为一体。

你我在奔忙之余，总要留有一点点光阴，用于追忆、怀想、思索和自省，留给那个冥冥中的自我。看夕阳如何把鱼鳞小瓦、萋萋芳草都镀上明亮的金色，然后如潮水般一点点向西收尽光芒。让夕阳无声无息地滋养自己，驱除忐忑与烦躁、失意与沮丧，心平气和地去应对那些汹涌的无奈。这样的情景，这样的心境，不是神仙胜似神仙，感觉真好！

噢，忘了告诉你一个秘密：上方有个得天独厚的优势，不管你走多远，那奇特而亲切的天宫山总静静地守候在西面。

百看不厌元宝山

王 君

在义乌人的心目中，元宝无疑是财富的代名词。每逢乡村演戏的日子，开演的第一场折子戏必定是《闹八仙》，而戏里的捧元肯定是压轴的。这元宝，是发家致富的吉祥物；这元宝，是蓬荜生辉的铺地砖。

在上方，有一座惟妙惟肖的元宝山。村民口口相传，元宝山，因其上形似元宝而得名。不过，元宝山还有另外一个名字，也叫笔架山。到底是元宝山，还是笔架山，这需要"仁者见仁智者见智"，自己看着像啥就像啥吧。

对于元宝山的喜爱，上方人至今还保留着这样两种生活习惯：建筑新房时，正大门必须对准元宝山；老人百年之后，其坟墓肯定对着元宝山。究其缘由，一个村民就有一种说法。追根究底，大家猜想：正对元宝山，寓意着招财进宝、发丁发财！

心仪元宝山，已有数百天。听了如此众多的元宝山趣闻，我的心早飞到此山，很想一睹其"芳容"，一解"相思"情。这一次，之所以能梦圆，得益于作协的采写之约。如此亲近元宝山，也算是一场不期而遇。算是，与这里似曾相识的暮冬初春，梦幻般地重逢。何不，算是一种机缘，又有一种甚幸。

融入自然，放飞心情。此时的我，行走于元宝山一条未名的曲幽小径。这，只是简单地行走。一切，唯与行走有关。并未刻意去问过，有谁走过这里。

元宝山

一地庞杂的落叶，纵然无人打扫。更无须，知晓回头的路。若山林中倦客，能与鸟鸣相伴，一切的一切随心而行随缘而遇。这种场景，是值得回味的。若能留下映像，该是一幅颇为妙曼的构图。当然喽，并不是所有人生行走，都是值得回味与入镜的。

眼睛是用来发现的。通往心灵、企及灵魂深处的眼睛，将世界看得博大，又将世界缩小成微观。脚步不能到达的地方，文字垒成了一级又一级的梯子，到峰顶，到伸手可以触摸到云端的地方。而那些人间幸福的，不幸的平凡的人，司空见惯的事物和那些细微的变化被眼睛捕捉到，最后都变成我的文字的主角或背景。

一方水土，给人类提供的不仅仅是粮食等农作物这样简单的财富，还有水土的品格，滋养、包容、不争，而这里的香溪，还多出一个，不嫌贫爱富。上方人都是喝香溪水长大的，自然血液里就已经渗透着水土基因，使得他们比别的水系更加德爱、宽厚。我多么想把这里的一切像拼图一般，将那些片段放在合适的位置，用语言使人物充实丰满起来，向深处挖掘人性的善与恶。

人类或许是众多物种中比较矛盾的一种。一方面想要山中的空气和水，一方面又想要都市的繁华和便捷。结果永远是求不得，得此求彼，得彼求此。

每一次登山，都是一次美的享受。我们在远离红尘喧嚣的宁静里，以一身疲累，换得了心灵的休整与放松。山中的生活虽然宁静舒适，但终究不能久留。或许，让自己的心灵有一个短暂的洗礼，就应该很满足了。有人说，世界上最宝贵的是已失去的和得不到的。实际上，物无非彼，亦无非此。有时候，你以为得到了，却失去了更可贵的。但一样有时候，你以为你失去了，却得到了更加宝贵的东西。所以，珍惜所有，才是正道。孜孜以求，自然而然。

元宝山，还真是百看不厌！

坚忍的文山松树

方元超

　　文山在李祖村西北，东至狮子岩，西至岩塘前，南以戚宅岭为界，北达山岗。包括岩塘前、章宝岭、感平岩、雨塘山、犁头角、狮子岩、坟头后岗、岭头下、上下横爿、洪山头、毛竹园、三塘坞等连绵十多块山，东西长约五里，南北阔三里余，共计二百三十七亩（"喝山为亩"，山亩比田亩大许多倍）。山面朝南，阳光充足，土层深厚肥沃，宜于树木生长。

　　文山属于方姓寅廿一公所有。寅廿一公方道兴，通称寅公，塘下人，明朝永乐年间。据传，文山本是白水坞人的山，因寅公的妻子是白水坞人，她向父亲要求，让她在文山放羊，父亲应允了，后来她到娘家去，把文山的契据偷到了，藏在头髻中心逃回来。她的兄弟发觉后，从后面追来。她见兄弟追近了，就跳进塘里去。兄弟以为人在水里，山契必然浸湿，已经没有用了，就不再追迫。但她身在塘里，头未落水，山契完好。她回家后，山契在手，文山就归寅公和她所有了。

　　寅公夫妻死后，合葬于文山的感平岩麓。其墓地称为"飞凤冲霄"，过去认为是"好风水"。其后寅公派下子孙，亦多葬于文山。寅公的玄孙排行宾九七公，对父母十分孝敬，被称为九七孝子。九七孝子的父亲（寅公之孙）死后，也葬于文山。他哀毁尽礼，在文山结庐守坟三年。这三年里，他不回家，不理发，不刮脸，辛劳勤勉，在文山遍种松树。他种树时，在每棵树苗的根上，套上一个铜钱。松树种后，生根不能发育，只有横根向四周生长。因此文山的松树没命根（生根），而横根却很粗大。树干向上生长很高，横根四面撑着，大风吹不倒。文山的松树，就是九七孝子这样种起来的。时值明朝中叶，为纪念九七孝子种树的功劳，寅公后裔在祭祀时，给他摆独桌。即祭别的祖先是八人一桌，而祭九七孝子是单人一桌。

寅公生有三子，以后成为寅公派的三房。后裔繁极盛，为方姓各派之最。所有塘下、李祖、新屋、倪村、杨畈田以及全备等地，都是寅公子孙。他们很重视文山的风水，保护祖先的坟墓。所以在戚宅岭脚建造庵屋七间，给看山人居住，负责看守坟场。坟墓周围不准砍树，不准割柴，坟上不准践踏，以免"冲犯龙脉，破坏风水"。同时还要看守整个文山的树木，防止偷盗。看山人有田可种，有柴可割。在春秋两祭，要备办祭品，并招待上山祭祀人员。

文山的松林，得到了严格的保护，生长茂盛。全山古木参天，郁郁苍苍，

浓荫连绵，一望无际。风起处，松涛汹涌，哗哗作响。松林之内，遮天蔽日，阴阴森森。兼之坟墓甚多，胆小的人，白天也不敢单独进去。山上松树的数量，谁也不曾算清有多少。相传清朝末年，塘下人为夸耀文山松树之多，曾对柳村的大财主当铺老板杨老堆打赌：让他一只蒲篓一斤谷，在文山的每棵松树上吊一只，如果把所有松树都吊过去，就把全山的松树都给他。结果杨老堆不敢应。从这个故事，可见文山松树之多，大约估计总在一万棵以上。最大的树，高达十三四丈，树身要三人合抱；小的也有一围光景。

1942 年 5 月，日军侵占义乌，文山遭到了浩劫，几百年的松树，彻底被毁。

日军准备用汽车来运松木，所以要造一条公路，从傅宅经黄宅前山头到塘下。砍树一开始，就派民工造路。在这一带活动的游击队第五大队和在义西的第八大队力量日益壮大，群众不肯去修路。汽车路始终没有筑成。同时，第八大队和第五大队都警告当地负责人，不许把松木资敌。谁要运送给敌人，就当汉奸处理，所以地方上也没有人敢运送。1943 年 9 月，日寇为抢掠木材，从长兴调来一支山地作战部队，企图消灭第五大队。第五大队为保护资源，保卫游击根据地，在大队副王瑞井指挥下，与来"扫荡"的日军狠打一仗。战斗于清晨从香山岭开始，一直延展到毛店桥头、新岭一带，自晨至黄昏，第五大队就几乎损失一个分队的力量，损坏了两挺轻机枪，转到第八大队活动地区，敌人才不敢追赶。日军因为汽车既不能运，老百姓又不肯送，加以自己部队受到了第五大队的打击，遭受伤亡，知道松木是拿不到手了。于是就表示不要松木了，要求把以前付的树款归还。结果，地方上把钞票如数送还，日军最终也没有拿到木材。

文山松林被糟蹋，无数古木，毁于一旦，文山成为一片空山，人们十分痛惜。族人方立先，当时在省通志馆工作，曾以"哀古松"为题，作古风一篇以志之，可惜此文现已失落。

徒步健身麻山行

王 君

　　麻山是个好听的名字。虽然我没能打听到其名的由来，也没有打听到麻山曾经发生过的故事。但仅凭山冈上的这片松树林，就能断定它是有故事的地方。一提起麻山，上方村民顿时变得神采飞扬。这可是有着光荣革命传统的圣地，也是兵家必争之地。

　　一段未曾逝远的记忆，一个荡气回肠的故事。据《义乌地名志》记载：因与浦江县相邻，在历史上是个比较重要的地方。明朝降清将领"青南王"在福建反清起义，部将徐尚朝先后攻下永康、东阳、义乌、浦江等地。清军进攻浦江，徐尚朝起义军南撤义乌塘李步虚岭（今岭口水库后坝）时被清兵全部歼灭。抗日战争时期，也曾留下游击队与日寇进行游击战争的足迹。

　　上了年纪的村民经常聊起过往的故事，麻山的山坡上有着无数的参天大树和茂密的丛林，成为曾任金萧支队第八大队大队长季鸿业等人组织的游击队经常进行秘密活动的场所。他们通过各种方式，在义乌、浦江一带成立了一个个关联情报联络站，既筹粮又开展武装斗争。

　　山峦千姿百态，森林茂密，树种形成复杂，森林类型多样；古木参天，林海绿涛，苍翠欲滴；林内幽兰飘香，鸟鸣幽香，野生真菌、野生山果俯首可拾。

麻山

　　麻山作为山峰名，现今在义乌境内有据可考的仅存一个。据《义乌市土地志》记载：麻山海拔仅有 228 米，山巅茅草茂盛。麻山植被以常绿针阔叶次生林、松灌残次林、灌木小竹丛为主，兼有映山红、白栎等灌丛。其中马尾松林是面积分布最大的次生植被群系。

　　从踏进麻山的那一刻起，世界变得如此静谧，没有车流的轰鸣，远离城市的喧嚣，一种恬静归真的感觉扑面而来，倍感清爽宜人。沿途不时被鸟鸣、花草所吸引，别有一番风情。一路上林木森森，伴着清风徐徐，顿生一股浓浓的苍凉之感，萌生出一种春日情怀。

　　户外运动让人们远离城市纷扰，投入自然怀抱，逐渐成为一种时尚的生活方式。一路走一路看，满目皆是青山翠峰、层峦叠嶂，目之所及树林阴郁、山花烂漫。崎岖的羊肠小道在脚下慢慢地延伸，在山谷中蜿蜒，直到被远方的大山阻断，然后峰回路转，柳暗花明。山道像蚕丝般纤细而又永无止境，似乎永远也走不到头。

如今的麻山，无疑是一块"人在旅途"的处女地，更是一条平缓绵长的徒步路线，单程在 2 小时左右。这里四季常青，野趣横生，必将成为休闲健身的好去处，自然而然被徒步爱好者所青睐。对徒步爱好者来说，各条登山步道基本上只用一小时左右即可上山，距离长的也就两小时左右，运动强度远远不够。

徒步是一个自虐的过程，需要不断征服自己，享受胜利的快乐。走过一片小松林，穿过密密麻麻的灌木和蕨类丛林，这里保留着较为原始的样貌，没有特别明显的路径，看得出平时人烟稀少。阳光透过树梢稀稀疏疏照射到地面，地面上堆了一层厚厚的落叶，一脚踩上去咯吱咯吱响。其间一度迷路，一度怀疑是否有尽头，也曾想就此放弃，但终于按照原先的计划，完完整整地走了下来。

置身麻山，极目远眺，心旷神怡，如入人间仙境，留给人们的是无尽的遐想。

故乡情怀

月是故乡明，人是故乡亲。对于漂泊的游子来说，故乡，永远是一帧珍贵的水墨丹青画，永远是心灵依靠的温馨港湾。走过山山水水，走过流年岁月，游子的跫音无论落在何处，那一缕心头萦绕的乡思从不曾有半分的消减。

童年的回忆

方天禄

香溪

光阴荏苒，日月如梭，转眼间已离别家乡四十多年，我已不再是青涩少年，多少次梦回故乡，回到心灵深处一尘不染的童年故乡。

成人无不追忆童年，游子无不思念故土，我亦是如此。儿时的我自在如风，最大的念想是长大后走出山村，如今虽已在杭州工作生活多年，却越发怀念故乡、故土。

我的家乡——上方村，三面环山，唯东开口，一条香溪从村前流过，数百年经流不息。每当雨过天晴，溪流湍急，四周云雾缭绕，山峰若隐若现，恍若仙境。那时，每条田塍都栽着梨树，春天来临，远远望去，一大片一大片，到处都是盛开的梨花，犹如漫天的飞雪，又像团团云絮，漫卷轻飘，层层叠叠布满了枝头、撒满了山野，整个山村都淹没在白茫茫的花海之中。走近看；那一棵棵的梨树，像从地上冒出来的一个个喷泉，那花朵，那么纯洁，又那么娇艳，那五片白色的花瓣，围着淡红色的花蕊，在春风中微微地婆娑着。

三月末，蛰伏了一冬的紫云英悄悄地舒张开柔嫩身姿，从田野的深处摇曳而上，恣意绽放出紫红紫红的花朵。顿时，绿茸茸的田野上披满了一大片绚丽的彩霞，铺上一幅又一幅姹紫嫣红的锦绣。成群的蜜蜂在花丛中上下飞舞，嗡嗡作响。每一片花瓣，仿佛都是一缕阳光，温暖着每一个鲜活的生命。但好景不长，成片地开着紫红色花的紫云英不久就被犁入土里。我并未感到奇怪，在当时，紫云英主要是用来肥田的（乡亲们叫草籽，是生产队每年必种的草——绿肥中的一种草），一部分收割喂猪，也有些缺粮的乡亲用来充饥。

山村孕育了它的每个孩子，但每个孩子对山村的印象各不相同。家乡遍野的梨花、满地的紫云英对我而言，便是我对家乡春天最深刻的记忆。

而今花儿不知何处去，别是一番滋味在心头。回乡同几位童年伙伴一起聊天，才知梨花不知不觉已消失多年，山坡上换成了杨梅树，田塍上栽上了零星的桃树，田地已被政府流转另作他用了，乡亲们仅留一方土地种点蔬菜。如今花是没了，但人们的生活却更好了。我才恍然大悟，逝去的会以新的方式归来。花开花落，唯自然而已。

若梨花是家乡春的象征，那香溪便是家乡的夏。几百年来，香溪养育着家乡一代又一代儿女。她不仅滋润着农田、供乡亲们洗衣洗菜，而且给孩子们带来无穷的欢乐。我常约三五伙伴在香溪玩水，穿着裤头在小沙滩中寻觅，掀开一块块鹅卵石，那拇指盖大小的螃蟹四处逃窜，迅即从一块石头钻入另一块石头缝里，像小精灵在石块间穿梭，很难捉到。有时我们被石块夹破脚趾也乐此不疲，溪水依旧映着我们纯真的笑脸，伴着欢笑潺潺流向远方。

香溪上游离村不远有一水潭，形如斜放的木勺子，村民叫它"木勺澄"，据说是以前采石留下的坑。勺体约两间房大小，齐腰深的水，每当太阳落山了，我们就去这里尽情地嬉水，直到天黑，两手的皮肤发白起皱才上岸回家。当岭脚水库放水时，水冰冷刺骨。正午时分，来到溪边，先掬一湾水洒在胸前拍打几下，然后跳入水中，爽极了！特别是从勺柄处如水滑梯般滑下水潭时，便是最刺激快活的体验。

在香安桥上游的桥头有一口圆形的荷塘，名为"桥头塘"，约有一亩多水面，水体同香溪相连，东边有个埠头，专洗婴儿尿布和粪桶的，但水质依然清澈。盛夏，那一张张碧绿的荷叶挨挨挤挤，一朵朵粉白的荷花争妍斗艳，那含苞欲放的花朵像一支支绿箭穿过叶缝直射蓝天。一阵风儿吹过，便掀起道道绿波，送来缕缕清香。在荷荫下、紧贴水面的荷叶上，常有各种绿底花纹的青蛙端坐着，一身保护色，不仔细看很难发现。它两只滚圆的眼睛向外凸，炯炯有神，宛如今天的球形监控摄像头，监视着四周，纹丝不动，静候猎物。可这时它想不到竟成了我的垂钓对象，现在想起确实有些不忍，如今早已无迹可寻了，难免有些感慨。不过至少香溪仍在，这足以让我慰藉，家乡的一切，纵然有天翻地覆之变，所有过去也并非雁过无痕，它们在香溪的流淌中永远鲜活如初。

夜晚是心的故乡，存放着童年的梦。夏夜，是一天最悠闲热闹的时候。傍晚常能看到小伙伴在捉迷藏、玩游戏。在祖宅五常堂台门前、香安桥头有块平地，我们把自家凳子床板搭成简易床躺上去乘凉，点上如同稻草绳般的蚊香，便可"高枕无忧"了。那时的空气清新如洗，漫天繁星下，成群的萤火虫犹如小仙子，闪着点点莹白的、灵动的光，在夜色中舞动，真是上下星

家乡的水塘

光交相辉映。有时候我们会抓几只萤火虫装入麦秆当小手电。星光下，爷爷摇着麦秆扇，扇里似乎有摇不完的故事，在一个又一个美好的夏夜中，我们在聆听爷爷讲的"三国""西游记""水浒"等经典故事，在启迪智慧的猜灯谜游戏中放飞思绪……

家乡的丘陵小山遍地是枣树，夏末初秋，枣香遍野，小伙伴们常挎一小篓前去捡漏。两头一样大小的叫大枣，卖给供销社加工成蜜枣，是生产队的一笔经济收入；肉松皮厚、两头大小不一的马枣，常把它煮熟晒干做成红枣；两头尖尖的是鲜枣，生吃很鲜甜。

晚秋贮藏着的不仅仅是趣味，更是饱腹的欢愉。晚稻秋收时金黄一片，田中蟋蟀长鸣，玉米熟了、番薯熟了，人们才面露喜色。在山的怀抱中，村民辛勤劳作靠几十亩山田养活，在当时生活是困难和艰辛的，往往米不够便用红薯和萝卜混在稀饭里充饥。特别是在春夏之交，青黄不接，更是吃了上顿没下顿。那时我们其实什么都不懂，但有的吃了便欢天喜地。

冬日相比起其他三个季节无趣许多，只是有一点可以确定，那时的冰凌晶莹剔透，直接入口感受一下吃棒冰的滋味，今日看来倒也是难得的回忆。

若逢雪天，那更开心了。我们会去滚雪球，用草灰做发，木炭做眼，红萝卜做嘴，便是一个雪人。若是不慎弄湿了衣服回家，便有得一顿打骂，毕竟家里没有能换洗的冬衣，只能缩进被窝中，等待衣物烘干才能出门。而如今，家乡的孩子们再也不会受此烦扰，能酣畅淋漓地在冬雪中打一场雪仗了！

我们的童年不像现在的孩子学业负担那么重，即使想看书也找不到书，更没有辅导老师。虽然物质贫乏，生活清苦，但玩得很开心，不过到了十岁出头就得干活了。至少要干家务活，割草养猪、养羊等。我在十二三岁时曾经养了生产队的一头耕牛，每天可得工分二分五。每天，天刚蒙蒙亮，我就要把牛牵到野外吃草，七八点钟回家，早饭后再去打牛草。当时为了防止水稻的病虫害（稻飞虱），人们把田野能削的地方都削得精光，几乎连草根都拔了，想找点牛草实在是困难。记得一个夏天的早晨，我踏着初阳去野外打草，就在路口塘的塘里壁，发现有一片绿油油的像麦苗一样的嫩草，高兴极了！

刚弯腰割了两三下，忽然一群蜂（据说叫泥蜂）从草丛中腾空而起，扑向我的头，我措手不及，吓了一大跳，慌忙跳入水中，才逃过一劫。游向对岸爬上来时，发现脸上已被蜇了六七口，回家后连忙用肥皂水擦洗，到下午感到满脸肿胀、火辣辣的。镜子一照，只见眼睛只剩两条缝，嘴巴向前翘，脸蛋朝外鼓，耳朵往下垂，活像个猪八戒。当时我也没觉得啥，稀里糊涂过了两三天也就消肿了。

生活也许就是这样吧，在感动与怀念、惭愧与醒悟之间度过，最后化为久久的平静和希望。那年那景那些人，终将烙印在记忆里，尽管所有东西都在变化，但对家乡那炽热的情怀，一直保留着最初最美好的温度。

方天禄，1958 年生于上方村，1978 年考入衢州师范学校学习，1980 年毕业分派到塘李初中教书，1982 年又考入浙江师范大学数学系学习，后分派到金华地区教育局工作，1992 年起先后任金华市教育委员会副主任、金华市统计局副局长。2001 年调杭州工作，先后任浙江传媒学院筹建办副主任、浙江省教育发展中心副主任、浙江省滨江高教园区管委会办公室主任、浙江省下沙高教园区管委会办公室主任、浙江省教育厅基教处处长、督导处处长。2015 年经省委批准，被省政府任命为浙江省教育厅副巡视员。

忆香溪童年

方海生

　　已经三十多年没见证家乡的四季更迭。由于常年在外工作，只能节假日回到家乡，所以对家乡的记忆多是炎热的夏天或寒冷的冬天。如今已过不惑之年，越来越渴望重温那里的春夏秋冬，因而常梦回童年，沉醉于那片稻花田里的蛙鸣声中。

　　我三岁开始在村里上幼儿园，小学就读于塘下中心小学，其间父母一直在外地经商。由于父母都是上方村人，我和妹妹或和外公外婆，或和爷爷奶奶一起生活，按现在的说法属于"留守儿童"。除了三年级在黄宅外，其余都在塘下村方大宗祠的教室上课。十二岁那年到义乌城里读初中，后来考上省一级重点中学义乌中学。1997 年以优异成绩考入中国科学技术大学，在合肥待了八年直到硕士毕业。之后，拿到美国纽约州立大学的全额奖学金攻读博士学位，又到美国劳伦斯伯克利国家实验室做了两年博士后。2010 年下半年携家人回国，到湖北省武汉市的华中科技大学任教至今。

　　童年时候的我最爱抓鱼，村里的人都叫我"小鱼虫"。每天放学回来做好作业，就约上小伙伴到田沟抓鱼捞虾。有时候上着课，突然想到田沟的鱼儿就坐不住了，好多次干脆直接逃课去抓鱼。我抓鱼技术熟练，能从水草下直接抓鲫鱼，还能从膝盖深的水下淤泥中徒手抓大泥鳅。舅舅也爱抓鱼，俗

岭脚水库

话说"外甥像舅"，我经常成为他的跟屁虫。舅舅常用围网网鱼，网用两根竹竿撑开，在池塘入水口下网，常常能捞到各种鱼类。记得有一次，梅雨季节刚下完雨，我们在村前池塘入水口一网兜满了巴掌大的鳑鲏，公鳑鲏体色艳丽，是我国最漂亮的原生鱼种之一，长大后再没见到过那么多美丽的大鳑鲏。

香溪从岭脚水库流出，流过我们村。小溪虽然不宽，却是童年最大的乐趣所在。那时候农田比现在多，香溪两边连着成片农田，造就了独特的溪田生态系统。且不说小鱼小虾，甲鱼、鳗鱼都能抓到，我当时很奇怪小溪里怎么会有海里面的鳗鱼，后来才明白原因。原来香溪一直会流到钱塘江某一支流入海，鳗鱼是洄游性鱼类，孵化于海中，溯河到淡水长大，后再回到海中繁殖。现在甲鱼偶尔还能见到，鳗鱼早见不到踪迹。在岭脚村和我们村之间有一座像馒头的山坡，现在种满了杨梅，小时候是满山的桃树。山坡西南方有一片小树林，树林有一条沟与香溪相连，这条沟简直是螃蟹的天堂，每一块石头下都躲藏着几只螃蟹。夏天常去抓，将螃蟹去壳洗净，裹上面粉油炸，记忆中的人间美味。香溪的水不深，有些地方水位能到小孩的大腿，夏季整条香溪成为小伙伴的水上乐园，欢声笑语和着香溪的潺潺流水声久久回荡在山野。

我还爱满山乱跑，村子周围所有的山都跑遍了。哪座山哪里有什么野果，几月份会成熟，心里一清二楚。到了野果成熟季节，一有空就约上小伙伴去蹲守。最常见的野果是覆盆子，沿着山脚的渠道两侧成片的生长，每年 5 月份成熟。山里面也有类似覆盆子的野果，爬藤多刺，现在知道了那叫树莓，和覆盆子并不是同一种。老人说蛇也爱吃覆盆子，让我们小心一点。有一次，在采摘覆盆子的时候，突然看到一条大蛇在草丛间游走。我生性怕蛇，吓得半死，所以至今还能隐约记得那条大蛇的模样，小时候以为是蟒蛇，长大后才知道家乡并没有蟒蛇分布，很有可能是王锦蛇。每年秋天开始落叶就到了采摘野柿子的时候，深山里的野柿树满树挂果，柿子个头也大，所以这时候要进到深山里。早上出发，往往来不及赶回吃午饭，到饭点大老远就能听到外婆在喊回家吃饭，跑半天到家难免被教训一顿。

时间静悄悄地流逝，等我从美国求学回到家乡的时候很多长辈已"托体同山阿"，香溪周围地貌也发生了较大变化。到武汉工作后，夫人携子女一直在义乌城里工作生活。于是，过去十多年，我总是在武汉和义乌之间奔波。父母停止经商后，回到了上方村，过着农忙的勤劳耕耘日子。父亲还养上了蜜蜂，日子过得比较祥和。节假日，我总爱带着小孩在香溪边玩耍，抓鱼捞虾，让他们贴近大自然，体会我儿时的乐趣。儿子去年考入了义乌中学，女儿出生于美国，今年初一；妹妹一家在杭州生活，外甥今年初二，也成长于上方村。他们也将像我当年一样最终会到外地求学，甚至漂洋过海到海外生活学习。

一代又一代，像家乡的春夏秋冬循环复始，等到小孩们长大定会像我现在一样怀念家乡。而到那时候希望自己能像父母一样回到家乡，与父老乡亲们一起生活，在田野间、在香溪旁重拾童年的乐趣、找到人生的归宿。

方海生，1979 年 10 月出生，中国科学技术大学本科、硕士，美国纽约州立大学石溪分校博士，劳伦斯伯克利国家实验室博士后。现为华中科技大学教授、博导。历任能源与动力工程学院工程热物理系副主任、院长助理、副院长，挂职湖北省孝感市安陆市副市长。

过农村平民生活

黄关汉

　　每月只三四十元工资，积五年，在上方村造了两间土木结构的房子，从
1965 年至 1974 年寒暑假，家人都回上方村，过着农村平民生活。

　　当时，没有通汽车，过年时需要将被褥、年货搬回到十里远的上方村，
我用自行车载，儿子黄健，挑食品，连女儿黄敏也提一只过年用的大鸭子回家。
回到家，先打扫卫生，铺好床铺，烧火做饭，过平民生活。

田园生活

暑假，第一件大事，准备烧饭的柴草，而且要备足寒假柴草。当时柴草没有现在这样茂密，连二三十厘米长的柴草也不放过，不怕灼热的太阳，不怕高温，上午，中午、下午各外出割柴草一趟，将柴草晒干，堆在楼上，这样燃料解决了。

假期的菜肴，村民送来的瓜、豆，隔三岔五买点猪肉，与村民一样，每天不缺的是蒸螺蛳。暑天带健、敏一起到水塘摸螺蛳，一个脸盆浮在水面，吸一口气，人钻入水底，摸了两手把螺蛳后，浮出水面，将螺蛳放入脸盆内，继续钻下水，摸足了二三斤螺蛳才回家。螺蛳是下饭的好菜。

20 世纪六七十年代，没有电视，家中仅有一只有线广播。每年寒假在家里，天黑了，除了老母亲或亲友来串门外，就上床。听了一会儿广播，就入睡了，生活十分简单而平静。

假期在家也享天伦之乐，黄健五六岁时，争着要上灶台洗碗，围着齐裙，捧着脸盆到门前溪中舀水，脚踩上齐裙，脸盆落地了。寒假时，三岁的黄慧，在门前玩耍，跌入溪水中，母亲将不懂事的"老慧头"塞进被窝里。

当时，农村是集体生产的生产队，暑假是农忙季节，太阳下山，晒场正忙，我义务地帮助生产队收场扫谷搬谷劳动，贴近农民生活。

农村有淳朴的民风，有忙碌的劳动场面，有简单而节俭的生活方式，没偷没骗。安谧的生活耐人回味。

黄关汉，1934 年出生于上方村，中共党员，中学高级数学教师（副教授），系中国数学协会会员。曾先后在后宅中学、义乌中学任教，从事数学教学工作 47 年。著有《高中数学教与学》(复旦大学出版社)，在全国 55 家报刊上发表教学论文 267 篇。1958 年获团中央"五四"纪念章，1984 年获浙江省为人师表优秀教师称号。

小村昔日的碎片

黄关汉

穿越时空,追溯到 20 世纪四五十年代,上方村由里门堂、新屋里、里头家、后新屋等主块组成,砖木结构的土房子鳞次栉比,全村百来个烟灶。

村后紧靠紫薪茂密的后山。村前一条潺潺不绝而清澈见底的溪流,村民在此洗脸抹脚,洗菜汰涤。有时少年结伴沿溪而上,既可嬉水,又可抓柯小鱼、小虾。淙淙的水声,增添了小村的活力,也增添了小村的韵味。

溪南岸是一条浦江到东河的大路,每逢东河市日,结队肩挑的贩粮者从大路经过。紧靠大路是大广场,当时稠州小学在此举行过体育运动会,农作物的打晒,柴草的晒干,焦泥灰的焖烧,都离不开这一广场。太阳下山了,大人们都忙着收拾晒物。傍晚,天真的小孩们在此追逐玩耍,广场亮着生机盎然的一道风景线。

眺望前方,是郁郁葱葱的麻山、元宝山,前后的山脉之间,散落着一些山丘,其间布满了良田、梯田和山地,以此养育着祖祖辈辈的村民。

春天,桃李争艳;夏天,水田密布,吸收盛夏的暑气;秋天,金黄色的作物,层林尽染的红色柚子林,大地形成一幅红黄蓝紫的美丽画卷;冬天,作物休

农耕文化研学

整了，唯有广场的糖车篷热气腾腾，红糖飘香洋溢四周。

古老而淳朴的乡风，平静而优雅的气氛荡漾着古色的上方村。

忆旧是一种遐想，也是一种时尚，别有一番回味。

此心安处是吾乡

方立标

清明时节，一群孩童嬉笑着跑到山上，用竹柳做成的"哨子"从凌晨吹至天亮……一晃半个世纪过去了，时至今日，这些画面不时回荡在我的脑海中。回忆总把我最柔软的地方翻出来，那里有纯澈，有初心，有那个永远年轻的我。

记得在我孩童时期（10 岁以前），我贪玩调皮，每年清明凌晨都会和二十多个小伙伴一道，组队跑到村后的山上。站在山顶，能俯瞰整个村庄，那种无畏的勇气，让我在今后坚定地做出每一次重要决定。柳树皮、竹子制作成的"哨子"形如牛角，我们拿着这种"哨子"自由自在不知疲倦地吹奏。不知道为什么，那时候总有用不完的力气和热情，累了便用檀木树枝搭起一个"小窝"，休憩一会儿。从天黑到天亮，随着鸡鸣鸟啼声逐渐弥漫开来，待早饭的炊烟袅袅升起，光明把整个村庄照亮，我们这些小孩才准备下山去学校。

这座高 50 米左右的小山坡，村里人都叫它后山，是我儿时的乐园，它承载了我童年的无数点滴，夏天避暑、冬天暖身。要说另一个让我难忘的事，便是在山上捉虫玩耍，金龟子就是其一。孩提的我们上树捉金龟子很有技巧，能抓到几个金光闪闪的金龟子是每个男孩子值得骄傲的事情。金龟子只停留于树梢的枝叶上，我们战战兢兢地把身子探向树端，随着枝丫的晃动，一只金龟子飞舞起来，在阳光下一闪一闪，像一颗美丽的金色信号弹，逗得人心神眼手一齐发痒。它在空中盘旋了数周后终于停下，这时只要果断出手就能一把抓住，任它两排小脚丫搔得手心痒痒。然后拿根细绳绑在后腿上，让它在空中上下翻飞，引得伙伴们哈哈大笑。

我的老家在五常堂附近，每年六月初，梅子成熟时，房前屋后的梅子树上挂满了青葱的梅子，玲珑可爱。印象最深刻的是五常堂门口香溪边的那株梅树，它至今仍枝繁叶茂。如今，村子里房前屋后、大路旁、地坪上，一棵棵古老的梅子树依旧满眼繁盛，枝干虬曲苍劲，缠满了岁月的皱纹。望着，念着，我便口舌生津。

从小，父母管教严苛，村风淳朴良善，受老一辈口口相传的为革命事业奋斗的八大队、地下党，从事党的事业的共产党员方城顺和方元永等先驱的影响，塑造了我朴实好学的品质，我内心一直保持那份清纯和平静。这样的日子，持续到我小学毕业，往后的记忆便有些模糊了，求学、从军、工作……每一天我都过得很努力、勇敢，但我也知道，那份初心和真挚，是童年带给我的。在外多年，对于故土，我总有一种深切的眷恋，现在我工作之余都会回家，看父母，爬爬山，逛逛田野山丘或文化礼堂，从村头走到村尾，从日出走到日落，细听乌伤方言在耳畔低吟，用心感受脚下土地迸发出的力道美。只有这样，我才能真正有一种归属感，内心也才更坚定信念，人也才更觉踏实心安。

苏轼曾在词里写道"此心安处是吾乡"，然而在我看来，无论走到哪里，心境如何气定神闲，都比不上脚踩故土的触觉来得安稳笃定。这种笃定，带着一种通情达理的纯善，也沾纯净土壤的光，是能供养出坚贞不屈的品格和温柔敦厚性情的。我在这里用力"向下"扎根，肆意"向上"成长，我的"根"不仅给了我一生难忘的珍贵"养料"，还让我拥有了安放心灵的精神家园。

如今的乡愁，是同一轮明月下的至亲。不论狂风暴雨，铁马金戈，都无法断绝我与故土的联系。

方立标，1969 年 8 月生，南昌陆军学院军事学院指挥专业毕业，历经战士、学员、排长、军务参谋、政治指导员。佛堂镇政府工作片主任、组织委员、纪委书记、副书记。现任福田街道人大工委主任。

故乡小溪

方 权

少时读余光中的《乡愁》，只觉能品味出一二，而随着年岁渐长，《乡愁》诗中的情愫逐渐在心头泛起，但我却比诗人余光中幸运，我的故乡"上方村"坐落在义乌县城的北部，村内山清水秀、三面环山，虽然它离县城不到 10公里，算得上近在咫尺，可是每次都总是来去匆匆。

故乡于我而言，是童真、是快乐！走在熟悉而陌生的小路，抚摸熟悉而又朦胧的墙面，迎面走来儿时的玩伴。如今我也早已为人父母，看着他们的小孩玩耍，转眼间仿佛回到了孩童时代。嬉笑打闹，无忧无虑，也许只是路边的一条蚯蚓，抑或是一个铁钉、几粒玻璃球，几个小男孩就能一起玩得不亦乐乎！一天天的日子过得快乐且有趣，不识烦恼忧愁，只知玩伴趣事。

故乡村落前有一条弯弯曲曲的"香溪"环绕，从上游的水库直流而下，小溪就像是一条玉带，飘荡在青山、田园之间，山上的树是绿的，田野里的禾苗也是绿的，到了春天开花的季节，各种各样的花将大山点缀得多姿多彩，同时倒映在"香溪"里，小溪似乎变成了一幅幅浪漫绚丽的风景画。远远望去，那溪水，仿佛是从画里流出来一样。春天也是鱼儿们欢快的季节，经过漫长的冬季，鱼虾儿们也欢快起来了，这时候，我总会羡慕地看着玩伴们卷起裤脚下溪抓鱼。小时候由于父亲常年在县城工作，我一直跟随母亲在农村生活，我怕母亲责备我把衣服弄湿、弄脏，所以从来不敢下水，但是看见伙伴们抓到鱼虾玩得这么开心，我也会跟着开心，当然，伙伴们也会给我几条（只）鱼虾，拿到之后我就急忙赶回家，养在楼上自己房间的小水缸里，但是鱼虾离开自己生活的环境，总是活不了太久，每次鱼虾死去我都会一个人伤心好久。

小溪上游出村庄的地方是一片茂密的树林，我小时候却特别害怕这片树林，不敢走近只会远远地观赏。那里树木特别茂密，两旁的花和草也都长得非常繁盛，远远望去就像给小溪编了一个美丽的花环，给溪流增添了许多神秘的色彩，也给我们的儿时留下了无限的遐想。

夏天放暑假的季节，刚好也是农作物最需要水源的时段，那时候水库就经常放水，水流一路欢歌从我们村前面经过。它清澈见底，你可以看到溪底

光溜溜的鹅卵石，以及成群结队的小鱼。香溪被我们村分层的一些段落，村里的阿姨、婶婶们都在离自家最近的地方洗衣、淘米、洗菜。每当那个时候，就是我们村大点调皮点的孩子尤为开心的时候。他们光着膀子、只穿一条裤衩从溪边纷纷往溪流里跳水游玩，溅得长辈们一身水，于是就在谩骂和嬉笑中开心地成长。儿时的玩伴整个假期几乎都泡在小溪里。我父母一直比较溺爱，我一直比较懂事，不敢做惹大人们不开心的事情，但面对炎热的暑期，也常常经不住诱惑下水游玩，炎炎烈日下在冰凉的溪水里泡着，有说不出的痛快。我好心的同伴怕我学不会游泳，会给我带来他们心爱的皮球，让我抱着皮球学游泳，就像现在的游泳包"跟屁虫"，慢慢的，我也学会了简单的"狗爬式"游泳……傍晚时分，大人们会从自家的瓜地里摘几个西瓜或装几瓶啤酒用塑料袋包裹放在小溪里。光是想象着那冰凉的感觉，已经让我们这群小孩好生羡慕……

秋季来临，溪水变得平缓，那时候我们常常可以看见村里的一位孤寡奶奶，光着脚丫在溪里捡田螺，我闲来无事时就会跟着她，帮她一起捡田螺，然后把我捡到的大小田螺都送给她。这位奶奶对小朋友们也都很好，她家就在我家附近，满窝都养着荷兰兔，每一只都不一样，它们的眼睛像熊猫的眼睛一样，非常灵敏，非常可爱，我时常会趴在她家门口盯着看，记得有一次她送我了两只，我非常开心，虽然它们的窝里气味非常难闻，但是那时候还是没有经过父母的同意就偷偷抱回了家。从那以后很长的日子里，我便一放学就跑到香溪两岸，给小兔子找鲜嫩的草料……

冬天的时候，也许是天气特别冷，记忆中的小溪常常结冰，结的冰很坚硬，可以踩上去不会破裂。村里的阿姨、婶婶们在洗衣服、洗菜之前，就要把冰块砸开，我们常常等在她们身后，她们砸开冰块后我们就拿根稻草给砸出来的大冰块中间穿个洞，当一块冰盾牌玩，虽然它很容易被摔破，但是我们还是玩得爱不释手……

故乡于我而言，是幸福、是温暖！傍晚时分炊烟袅袅升起，整个村子里弥漫着饭菜香，小孩们还不愿回家，每家的长辈们都在门前呼唤着自家的

香溪

小孩回家吃饭，小伙伴们也总是匆匆盛满饭菜就聚在一起边吃边玩，在家长们的吆喝声中恋恋不舍地回家。故乡的四季都充满了温情，春节长辈们备好鸡鸭鱼肉，穿上新衣拜访亲友；清明有绿油油的清明粿，咬上一口糯叽叽，甜蜜蜜；端午粽香四溢，小时候就喜欢呆坐在母亲旁看着母亲包粽叶，缠粽绳；中秋团圆，家里的长辈会把省出来的月饼拿给我吃……

今天，我坐在香溪旁的石头上，耳边传来阵阵蛙鸣声。微风轻轻地拂面而来，将额头两旁的发丝吹动起来。溪两旁的柳树枝条在飘拂着，飘动的枝条好像少女被推动着荡秋千，荡啊，荡啊……那茂盛的枝条垂到地上好像在引导我去找什么东西。低下头，我用手摸索着脚下的小石头，最后和我家小孩子各自挑出了一块扁扁的石头，用手将石头向小溪一抛，五六个水漂的声音在我耳边响起。这时候儿子说：爸爸，我们家乡为什么空气都这么香？

故乡于我而言，是岁月、是记忆！我们小时候的校园，如今成了义乌重点保护单位"方大宗祠"。这里也是离开故乡的地方。

时光带走了我的青春，却沉淀了故乡于我而言的意义。故乡在，家在，心中的归属感就在。光阴荏苒，故乡的发展在更上一层楼，我也在日就月将，积累知识，丰富自己。唯愿故乡变得越来越美好，故乡的人民越来越幸福！

方权，1977 年 11 月出生，义乌市中心医院放射科主任医师；宜春医学院兼职副教授；2021 年作为医疗专业技术人才派四川——巴中进行援川工作半年。

家乡情思

刘 旭

    家乡位于浙江中部，属于丘陵地带，山清水秀，四季分明，景色宜人。家乡的山虽不高，但连绵不断，蔚然壮观。其中有一座山，叫德胜岩，最为出名。相比周边其他的山，德胜岩上奇石怪洞甚多，古往今来都是人们登高览胜的好去处。尤其每年的重阳节，山脚下正如火如荼地举办物资交流会，人们集会登高，车水马龙，热闹非凡。在物资还不富裕的小时候，大人、老人还有贪玩的小孩，无不盼着重阳节的到来。站在德胜岩上极目远眺，尽收眼底的不仅是小县城美丽的风光，还有小县城从贫困县到国际商贸城几十年发展变迁的痕迹。

    家乡人向来重视教育。在我们上方村，常有鼓励支持文化教育的政策，村子的中心，还完整地保存着反映人文历史的古建筑进士第、五常堂等。我在乡里读完幼儿园，小学和初中。幼儿园由祠堂改建而来，是一座南宋时期始建于上方村，后于清末易址重建的徽派建筑。祠堂大门两侧摆放着一对神态威武的石狮，大门上方悬挂着刻有"方大宗祠"的木匾。祠堂里铺满了青石地板，屋宇上飞檐吊角、镂空雕花，古韵浓郁。光绪末年，先辈在方大宗祠内创办了稠川学堂，后改名为塘李小学，培育了不少人才。逝者如斯夫，不舍昼夜，不承想在祠堂里读书已是三十多年前的事了。如今新的幼儿园和小学早已经盖起，祠堂也重新翻修还原了本真，变成举办祭祀等重大活动的场所。时过境迁，但每每踏入祠堂，幼时与同学嬉戏的情景，还有老师站在讲台上的身影，依然会浮现在脑海中，宛如昨日。

　　小学离家很近，每天中午下课我们都能愉快地回家吃个饭。由于父母工作的原因，从小学四年级开始，我便在外婆家吃午饭，一直到初中毕业。每个人的心中或许都有一道外婆做的菜，它承载着儿时的记忆与亲情。犹记得外婆做的肉，先把洗净切好的肉放入锅里，加入简单的调料炒一遍，再把炒好的肉与米饭一起蒸煮，等米饭煮好肉也正好出锅。此时的肉入口松软，肥而不腻，回味无穷。这道菜作为外婆的日常必备菜之一，它的味道深深烙在我的心里。周末我偶尔会跟着外婆下地浇水摘菜，她拿着锄头和水桶，我手提着竹篮，一前一后行走于田间溪旁。从小学到初中一段长达五年的相处时

间，拉近了我和外婆的关系。有时候我想，代沟这个东西或许是不存在的，只要你花时间用心去感受和交流。外婆勤俭朴素，对人宽容和善，是一代中国农民的缩影。现年近九十的外婆依旧心态平和，头脑清醒，我相信这是她一生向善的福报。

家乡的发展史，体现了义乌人"鸡毛换糖"的精神——踏踏实实从小事做起，不畏艰难，一步一个脚印。在我很小的时候，父亲就离开农村去县城里工作，因交通不便，隔几天回家一次，所以那时候的记忆大多是和母亲的。回到家吃完晚饭的父亲会坐在沙发上看电视，但不一会儿就闭上眼睡着了。当初以为父亲不爱看电视，直到有一天自己有了工作。后来母亲也随父亲去县城工作，两人开启了早出晚归的"夫妻档"经营模式。忙碌的工作学习发生在白天，温馨的家庭生活则始于晚上。记得初中的一个夏夜，《宝莲灯》在电影频道首映，一家人包括父母，姐姐，我，还有伯伯家的姐姐，围坐在凉快的地砖上，看着电影，听着歌，无忧无虑，其乐融融。正如电影里的歌词所说的，爱就一个字，我只说一次。亲情真的会让人变成哑巴，产生一种欲言又止的感觉。虽然都没出声，但彼此都懂。

我喜欢一个人静静地听歌。因为听歌的时候，关于亲情和友情的记忆碎片会像潮水般奔涌进脑海里，那家乡连绵的山脉，昏黄清晰的落日，课间同学的喧嚣声，还有外婆亲手做的饭菜的香味，仿佛就在眼前。

刘旭，1986 年 12 月生，南开大学物理系本科毕业，在中国科学院脑科学与智能技术卓越创新中心获得博士学位。现在上海交通大学医学院附属精神卫生中心从事神经科学研究工作。

坚守老屋

方喆然

　　奶奶终究还是不愿搬到城里住。

　　如今的奶奶一个人住在老家上方村靠山的一座大房子里。是的，偌大的一座房子里就奶奶一个人住。二十多年前，爷爷去世，姑姑们都已出嫁，爸

老屋

老屋的印记

爸在城里工作，那时还有伯伯一家陪着奶奶。现在，堂哥和堂姐都已外出工作或求学，伯伯一家为了方便也搬到了城里，于是老家只剩奶奶一人，但奶奶始终坚守着老屋。

伯伯和爸爸不止一次地劝奶奶去城里住，奶奶总是说住不习惯，好不容易说通了，没过几天又让伯伯给送了回来。伯伯见奶奶这样，也不再强求，依着奶奶仍然让她住在老屋，然后托几位隔壁邻居帮忙照料，每隔两天左右就回趟老家，看望并给奶奶送些东西和零花钱。

我对此曾经也很纳闷，也劝奶奶住到城里，奶奶一会儿说城里的房子太高，一会儿又说白天家里没人太寂寞。后来，我才渐渐感受到，奶奶放不下的是那份对老屋的依恋。

奶奶如今已八十多岁，嫁过来也将近六十年，这无数个日日夜夜她都在老屋里度过。无论是最开始的破旧的小木屋，还是现在偌大的砖瓦房，奶奶和老屋之间已经形成了一条割不断的纽带，甚至可以说，老屋已成了奶奶这一生的依靠和寄托。

更多地了解之后，我知道老人们普遍都有这种对老屋的依恋。古人曰："胡马依北风，越鸟巢南枝。"具体地来说，就是对老屋的一种牵挂。乡愁是一种文化心灵的寂寞，即便是从老家到城里那十几公里的距离，乡愁也在奶奶的心中萦绕。乡愁不分距离远近，这也好比是鲑鱼的溯源，而人们溯源追

村里的老奶奶们

求的是一种精神的寄托。

　　每次回到老家，看到奶奶都是开开心心的样子，儿孙们也都安心了许多。这么多年来，大家都渐渐懂了奶奶的心，懂了那份对故土、对老屋的执着坚守。我们也知道，总有一天大家也会各奔四方，总有一天，我们也会渐渐老去，但家乡上方村的老屋终究是我们最熟悉的地方，我们终究会回到魂牵梦萦的心灵故乡，去实现那份对老屋的坚守。

　　方喆然，1991 年 6 月出生，复旦大学本硕毕业，先后在微软亚太科技有限公司和百度（中国）有限公司担任软件开发工程师。《坚守老屋》为作者初二作文。

民俗风情

时光总是把最古老的民风民俗随着流淌的日子一天天消逝，淡去，直到湮灭在红尘故里，但总有最经典的片段被不断升华和演绎，一直流传下来，并在日子不断走向精致与繁华的那一刻，镂刻成一份亘古，延续着时光中永远不老的民俗。

迎龙灯来闹元宵

潘爱娟

元宵迎龙灯是义乌农村正月里最盛大的传统民俗文化活动之一。

义乌龙灯以板凳龙居多，它就像是一条火龙，可以绵延几公里，也如古时的军队，前面第一个牵大球的就是指挥官，可以演绎出无数变化。上方村在1945年的时候就有一条简陋的板凳龙，牵头者为方汪泽、方开法、龚梅等，因时间久远，那些年的迎灯细节知者已是寥寥无几，但村里的几位老人依然记得，元宵节晚上龙灯灯头必定会迎到香山岭上寺庙朝拜。新中国成立初期，村里也迎过龙灯，那时候的龙灯虽然算不上长龙，但里三层外三层的迎灯队伍，配上烟花爆竹，锣鼓唢呐，场面也是相当壮观。后来由于历史原因，龙灯一度停迎。

20世纪70年代末，村民的生活水平有所提高，政策也稍微放松了一些，恢复迎龙灯的事又被村里一些年长者重新提起。1979年下半年，为了恢复传统文化，经过村民多次商议，上方村决定由村里有经验的长者牵头，开始筹划迎龙灯事宜，费用由村民根据自愿原则集资，业务联系由方汪喜等年轻人负责。消息一传出，村民们立马自告奋勇地有钱出钱，有力出力，大家分工合作，众志成城。当时办事全靠两条腿，方汪喜等人的解放鞋都磨出了洞。

板凳龙也称桥灯，其龙头、龙身、龙尾和宫殿用樟木雕刻而成。迎龙

谢灯头

的大樟树是从隔壁李祖村"偷来"的，"偷"樟树要选日子，在风水先生认为好日子的晚上，几位村民提着行灯，拿着纸香，对着樟树祭拜后把树锯倒，在树根上面放一个红包，然后抬回村。说是偷，其实是跟村里人都说好了的，所以追赶的人只是象征性地喊几声："偷树了！偷树了！"

做灯头的场地就设在村民方元智家，当年他家九间头房子建成不久，场面比较开阔。由牵头人方汪泽等聘请东阳木雕专业师傅雕刻龙王。方汪泽曾任上方村农会主任和村政主任，对于恢复迎龙灯这件事，他是说不出的高兴，有用不完的力气。他不仅亲自上门请来东阳木雕师，还全程配合师傅完成所有的木工活。经过师傅两个多月的精雕细刻，春节前完成灯头制作。完工后的龙头造型美观大方，龙身全部由各种姿态和花样结合而成，中殿设计得活灵活现，美轮美奂。

灯头做好后，上方村民开始准备迎灯的灯板。做灯板的木头由大队出资购买，统一请木工制作，村民只需付一点木匠工资费用。两片、三片或更多，村民可自由参加，也可以照丁照灶执行，大家自报灯板片数即可。为了共同的目标，大家抛弃前嫌，几乎所有的村民都参与了迎龙灯。

上方村龙灯从正月十三开迎，到正月十六结束，要迎四个晚上。迎龙灯由灯头会负责管理，上方村恢复迎灯后的第一任灯头会人员有方汪泽、方元松、方小银、方元良、方元通、方元武、方汪喜、方金钱等。迎灯之前，灯头会负责人要先和背灯头、中殿的村民一起吃顿饭，商量当年迎灯的具体事项。

迎灯前将放置在方姓堂屋高架上的灯头下架。在灯头前面摆上香案，点上蜡烛，供奉糕点、水果之物，两边摆放着堂灯、彩旗，龙头板上围以绣幕，用铁杆接上高低二层琉璃灯，头前悬挂一串彩球。迎灯的蜡烛由村里做蜡烛的老板提供。

迎灯当天下午，要沿村敲锣至少三次，分别是告诉大伙可以烧饭、吃饭、接灯板了。要是适逢十年一次的大年，在出灯之前，要先弹八仙，把灯头抬出来，摆上羊、猪等祭品祭祀之后才能搭灯。迎龙灯时，灯头红绸绣幕披挂于身，四周围绕琉璃，悬挂彩球，内点蜡烛。龙头、中殿与龙尾之间，由诸式板灯串联而成，灯下托木板，板两头各有一圆孔用以接灯，板上设有灯架，每桥灯板中段装两盏灯笼。一切准备就绪后，不管当天是刮风还是下雨，迎龙灯活动照常进行。大锣开道，火铳轰鸣，堂灯、牌灯和提行灯的人随后，锣鼓声后，灯头缓缓出现在人们的视线中。

上方村的龙灯开迎的第一个晚上必定是去杨畈田附近的大头殿，与其他九个村的灯头会合，大头殿回来，迎到方大宗祠，方塘方氏宗亲设斋祭请，燃放鞭炮，然后回村里转一圈，在村晒谷场盘灯拉灯，热闹一番后拆灯板各自回家。迎灯结束一般在晚上十点左右。正月十五晚上时间稍长一点，因为要迎到李祖当年取樟树处朝娘，还要迎到附近的新屋、塘下等村。第一年迎龙灯时，灯头所到之处，许多农户都在自家门前设斋，有的买整箩筐火炮鸣放，有的则买馒头之类礼品分赠迎灯者。因为迎龙灯，上方村的凝聚力空前高涨，村民相处更加和睦了。

20 世纪 90 年代，由于年龄、精力上的原因退出灯头会，村里迎龙灯事宜由方汪喜、方金良、方金钱、方汪有、方锦文、何锦达等人负责管理。最近两年，受新冠肺炎疫情影响，上方村迎龙灯计划也被取消。2022 年春节，只是由几位年轻人抬着龙头、中殿、龙尾，在村前晒场短时间迎了一下，第二天灯头就上架了。村民们期待疫情早日结束，待疫情散去，人们又可以热热闹闹地迎龙灯了。

十响滩簧锣鼓班

潘爱娟

锣鼓班是一种民间业余婺剧器乐坐唱组织,它的起源约在明末清初时期,距今已有 400 多年的历史。到清末民国初期,锣鼓班在义乌各地曾发展到80 多个 , 成员 600 多人。"一副箩担装十响,吹拉弹唱喜洋洋",就是锣鼓班的前身和写照。所谓十响,是指锣鼓班一般拥有 10 件乐器,因此又称十响班,也有称什锦班或坐唱班。

上方村锣鼓班成立于 1937 年,以演滩簧剧本中的小戏为主,也演一些正本剧目。滩簧原是一种独立的说唱乐,是苏滩南浙后地方化了的一种声腔。说唱时期的滩簧其音乐表现形式已相当完整,有比较完备的伴奏乐队。滩簧在江、浙一带极为流行,有杭滩、余姚滩、湖滩、婺滩等。婺剧滩簧曲调柔美抒情,叙述性强,好唱易学,优美动听。

上方村第一代锣鼓班由村里一名叫方城奎老师教学。主要演职人员为:正生方元林,小生方学初,花旦方进树、方元龙,大花脸方元松,小丑方老怕。锣鼓班每到一个场所,首先在中间摆放一张八仙桌,周围摆设靠背椅和四尺凳,桌上摆上水果、甘蔗及茶水、糕点等食品。全体演职人员围坐八仙桌四周。开始先演奏婺剧《花头台》吸引听众,然后坐唱一些群众喜闻的婺剧名段、小戏。《花头台》与《踏八仙》是每个锣鼓班必定演奏的曲牌,也最能体现锣鼓班的实力。《踏八仙》是婺剧优秀传统器乐合奏曲，气氛强烈，其内容大都表现人民祈求风调雨顺、国泰民安，取其吉祥之意，因此深受百姓喜爱。上方锣鼓班演出的正本剧目有《白蛇传》《翠文山》等，另外，《文武八仙》《蟠桃八仙》和《小尼姑下山》《送亲》等剧目也倍受欢迎。第一代锣鼓班因日军侵入被迫停演，锣鼓班所用乐器也遭日本兵毁坏。

日军撤退后，上方村又于 1946 年重新组建了第二代锣鼓班。其主要成员为：正生方元华，小生方元喜，花旦方美元，小旦方金海，大花脸方豪绅，小丑刘加生、何樟泽，老生方汪富。演出的剧目与第一代锣鼓班基本相同。锣鼓班的表演不受场地和时间限制，场地可大可小，时间可长可短，根据不同的场合，可以在广场、庭院、街头巷尾、祠堂、寺庙等大小场所进行表演。

锣鼓班

151

一般在迎神赛会、寺庙开光、闹元宵、迎新嫁娶、生日祝寿、造宅竣工、老人过世、商铺开张等场合演出。

1964年至1966年上半年，上方大队曾办过一个俱乐部，在大队书记方豪琴、大队长方元功的支持下，由当时的大队会计方元荣召集。在近两年的时间里，俱乐部排演了革命样板戏《沙家浜》《红灯记》等剧目。《沙家浜》一剧中，傅桂香演阿庆嫂，方阿芳演沙奶奶，方金财演郭建光，方潮春演刁德一，方中元演胡传魁。《红灯记》剧中，方东兰扮演李铁梅，方友芳演李奶奶，方金财演李玉和。这些剧目大多时候都在本大队的晒场上演出，偶尔也到邻村出演。1966年春节，俱乐部成员曾受邀赴东河、毛店桥头、前洪、柳青等地演出，得到附近群众的一致好评，也曾在当时周围的几个公社引起轰动。"文化大革命"开始后，俱乐部停止活动。

20世纪90年代到21世纪初，影视、歌舞等现代文化娱乐活动日益频繁，但锣鼓班仍然是活跃在城乡的一支民间艺术劲旅。如今，一些企业、店面商铺的开张吉庆，也会邀请锣鼓班前去助兴。

粽叶飘香品端午

潘爱娟

"节逢端午粽香滋，檐下楣前艾一枝。"又是一年端午时，五月的空气中，到处散发着淡淡的清香，那是端午节到来的前奏。

"端午"一词最早出现于西晋的《风土记》："仲夏端午谓五月五日也，俗重此日也，与夏至同。"端午的由来有很多说法，最为流传的是纪念屈原一说。公元前 278 年，诗人屈原在写下了绝笔作《怀沙》之后，抱石投汨罗江殉国，人们为了怀念他，每年的农历五月初五沿岸百姓在江里奋力划船，表达出挽救他的意愿，并将包好的粽子投入江中，以免鱼龙虾蟹伤害他。两千多年来，这个日子也就演绎成了纪念屈原的传统节日。

端午节是中国四大传统节日之一，包粽子、煮鸡蛋、赛龙舟、插艾叶、悬菖蒲……端午节的风俗，每个人都能说出一大串。端午节日，家家户户门上都插菖蒲和艾叶。有对联云："艾叶如旗招百福；菖蒲似剑斩千妖。"菖蒲在水里长大了，清新可爱，其形似剑，愿它能驱除妖怪病魔；艾叶可以炙火治病，也可用来熏蚊子。端午节时值初夏，天气渐渐转热，天气一热，病菌滋生，蚊蝇繁衍，此时节成人饮雄黄酒，孩子挂香袋，都是为防疾病保健康。上方村还有一俗，就是端午节家家户户都要打扫卫生，在房屋墙脚撒上石灰，用于消毒杀虫。

153

端午节到来的前几天，村民们纷纷赶集采购新鲜的粽叶，拿回家后用剪刀剪去叶柄，然后拿到池塘里清洗后用净水泡在脸盆里，在上面压上一块小小的石头，以防叶子上浮。

　　上方村村民方宝华是一位包粽子的高手，他上小学时就跟着母亲包粽子，几十年来，家里的粽子都是他一个人所包。他包的粽子外形美观，味道纯正。包粽子的米要先浸泡，一般情况下，糯米淘洗后泡二三十分钟便可。待糯米泡好，粽叶洗净，粽馅做好，然后把粽叶和捆绑的线妥妥地放在前面，便可以动手包了。包粽子的时候要把两片粽叶交叉叠放，左一拧右一折，形成一

包粽子

154

个圆锥形，先是少放一点糯米，放进馅料后再次加入糯米，用手压实，使之与漏斗口齐平。最后将上面的粽叶折下来包住糯米，用一只手捏紧包好的粽子，另一只手在外面扎上细细的红白棉线或棕榈绳，这样一只有棱有角的粽子便成型了。

那些年，包粽子的馅仅仅是赤豆或红豆，不像现在，粽馅有赤豆、红豆、蜜枣等甜馅的，还有鲜肉、大栗、咸蛋、松子等咸馅，可谓五花八门。只要你喜欢，什么样的馅卖家都可以给你做。

在义乌乡间，女儿出嫁后的第一个端午节，娘家要"担端午"，端午担里除了粽子，还有馒头、肉饼、大蒜、扇子等。婆家会把媳妇娘家担来的东西分送给左邻右舍和亲朋好友，以示体面，希望得到彼此的关照。这也是流传已久的风俗。

端午节不仅有粽子、鸡蛋等好吃的食品，还有撞鸡蛋、佩香囊和印香包等好玩的活动。端午节前，女孩要早早地准备好一些布帛和丝线，动手做起香囊，里面装点香粉，用五色线一系，佩于胸前。香包既实用又漂亮，炎炎夏日，若把它贴身佩戴，有清凉解暑和驱除蚊蝇等功效；若悬挂于汽车内，有芳香开窍和提神醒脑的效果；而置于衣柜中，又有香味绵长和驱虫防蛀等功能。

端午，不仅仅是一个重要的传统节日，更包含着传统文化的精髓。

九月初九话重阳

方元超

重阳节原是川塘方各村人民的盛大节日，一年之中最热闹的时节。通称做重阳。做重阳的时间是农历九月初七至初九。其范围是里十三都，过去称岩南乡，新中国成立后称塘李乡，即现在的塘李管理处。

每年重阳将到，家家都打扫庭院，洗刷家具，备办菜肴酒席，以接待亲友来临。那时，有的赶做新衣、新鞋，到重阳光鲜一番。通常每人一年做两双鞋，一双是新年鞋，一双是重阳鞋。

重阳到了，四面八方的人，纷纷赶到川塘方来看重阳。凡是亲戚朋友，都要前来走访。并非亲戚朋友的，也由亲戚朋友牵带着来。家家户户都是宾客盈门，喜气盈庭。客人们这家吃了吃那家，家家都盛情款待。客人多了，都引以为荣。俗语说："客人是条龙，从来吃不穷。"

在重阳，很多人都要上德胜岩。有的是去游览，更多的是去拜胡公。登岩路上，人群摩肩接踵，络绎不绝。真是呵气成云、挥汗成雨。路上挤不了，把路旁的田地都踏成了大路。在岩上庙里庙外，更是人山人海，喧闹异常。胡公前烧着香纸点着蜡烛，一片烟雾弥漫。许多人在跪拜，许多人在念经。有的妇女，还要"靠山"，在庙里一夜坐到天明。善男信女求财求子，求福求寿，各有千秋。

　　以前重阳都要斗牛。有钱人家养着身强力壮的黄牯牛，平时饲养非常讲究，吃粥吃饭，头插雉尾，戴上头盔，双角磨磋尖锐。四人牵着，耀武扬威地进场参斗。斗牛场是水田，四周山头高地，站满了观众。两牛下田，奋力角斗。牛主双方，呐喊助威。输了的逃，赢了的追。斗牛胜了，身价百倍，牛主就无限光彩，名气也好了。斗败了，观众就喊着牛主的名字，"某某逃了！"牛主倒霉，抬不起头，那牛也只好剥皮了。

　　重阳要演戏。从初六夜到初九夜，演三日四夜。通常是由十个村子轮流负责，每年一个班子。因为重阳看戏的人多，要写好班子。戏班也早就前来活动，希望自己能演上重阳戏，做出好名气。所以重阳做戏的，总是好班子。观众也不远数十里来观看。每过十年，还要做大年。每个村子都有一个班子参加，共有十个班子。这些班子在一起演戏，就要斗台。大家拿出好"行头"，演出拿手戏。抖擞精神，极尽力量，吸引观众。哪个班子演出了好戏，观众就蜂拥而来，台前人头攒动，争相欣赏。做不出好戏的，台前就冷冷清清了。于是，斗赢的戏班，十分光荣，声名大振。

重阳九月初八，各家各地迎"案"来的。三都的前店、新屋、塘角、草塘沿、青塘下，六都的王深塘、八里桥头、温草塘等村，互相轮流迎案。迎案队伍，前面旗牌开道，锣鼓随行，接着是踩高跷、打滚叉、舞藤牌、叠罗汉、观音童子等民间艺术。再就是"顶名"带头，抬着木雕的胡公而来。一路上，敲锣打鼓，放铳鸣炮，群众夹道观看。到了曹村，就停下来，尽情表演民间技艺。最后，迎到支坞里，向德胜岩的胡公朝拜，然后返回。迎案队伍每年总有两三起。

重阳节人多了，自然生意也兴了。近处远处各种摊贩，纷纷到市场上来，吃的、穿的、用的、农具、家具、玩具，无所不有。有些平时买不到的东西，这时都可以买到。户户人家都要买一些东西。远出来客，不但要买些用品，还要买点"回头货"回家送人。所以市场人群拥挤，水泄不通。

在重阳会场上，还有看相、测字、算命的，一齐前来。残疾求乞的，在路旁排列成行。变戏法、卖膏药的，都来凑热闹。见此大好时机，大显身手。如此等等，热闹非凡。

时过境迁，现在的重阳与当年已大不相同了。但回忆起来，还是令人神往的。

上方水车故事多

王锦豪

　　每一架水车浓缩着乡愁，蕴藏着故事。一首《水车谣》，勾起上方村民渐行渐远的记忆。

　　水车多为木制，由车板（木链片）、车槽（车身）、踏轴（礌头）、木架（车脚）

长的水车（脚踏式）

水车（雷头）

水车（手摇）

及附件套头组成，是义乌传统的灌溉农具。水车，又名龙骨车，可用手摇、脚踏、牛转、水转或风转驱动，造型不一。村民方中元家有一架置办于 1953 年的水车，上面清晰地写着"衔尾鸦翻以联，蜕骨蛇莘而确"的诗句，系当地才子方元超所书写，他将苏东坡的诗稍做改变，借以表达农民艰辛车水的场面。水车的另一面标有"方仁记常办"的标记，众多村民均表示村中无此人，纷纷猜测"方仁"为方姓之人，而"常办"是指每个生产队经常添置水车一事。这也算是上方的待解"谜团"吧。

"上方村地势起伏很大、高低不平，在既没有水库又没有抽水机进行灌溉的年代，基本都是靠水车提水灌溉的。水车因地制宜且长短不一，有两丈四、丈八、丈六和丈二之分，不同的长度用于不同深度的水位。车身由木板构成长方槽形，上半部以木条间隔，下半部构合严密，中间设长板分隔，供车板过渡。尾部设一转轴，供车板来回转动汲水。车板由整块薄木板制成，每片长约 15 厘米、宽约 11 厘米，中间开凿一长方形小孔，插入一根特制的木条，木条一端加工为榫状，另一端加工为双叉形，榫状的木条插入双叉形木条之中，用竹铆钉固定连接成链状，竖立排列在车身体内，其宽度与车身大致相等。在水车口两端立有两只车脚，中间架上碣头，碣头中间设有安装车板的转轴

160

杆，两侧装有三四个人用的脚踏。两只车脚上端绑有一根三四米长的木杆或竹竿作为扶手。使用时，人爬上礴头，双手扶住扶杆，双脚踩在脚踏上，跟爬楼梯一样用力蹬去，礴头就会缓慢地转动起来，带动整条链状车板在车身中来回转动。车板转动上行时，便将水一格一格往上提，并从车身口部流出，进入稻田。"会一手木工绝活的刘德海，聊起水车的往事，顿时满脸兴奋。"你别小瞧这水车，需经过多道制作工序才能完成。工期少则半个月，多则一个多月。工钱用稻谷或大米支付，每天 7 到 15 斤不等。在传统木匠工艺中，基本没有钉子和黏合剂，完全靠榫卯和各种楔形嵌套。那样制作出来的木制品结合部不仅可以保证压力强度，甚至连水也透不过去。"

"每到夏秋两季，农民忙着投入抗旱，到处只听见吱吱呀呀的水车声，这算是家常便饭。每口池塘管固定的田亩，为的是保障附近庄稼的灌溉所需。"一旁的方华弟接过话题继续聊着。"还别说，这踩水车虽属半原始取水方式，却是个体力活儿，也是个技术活儿，用蛮力不用巧力，就会被'挂'起来（搁住车竿，悬起双脚）。还有一种手摇式的水车，只在车头装上摇把，较小较轻，拆装简便。通常由两个人合作，一人站在一侧，手握拐把摇动，链轮转动，带动整条链状车板在车身中循环翻动，顺势将低处的水提到高处，并从水车中涌出。"

问方中元为何还保留着这件古董，他笑而不答，问多了才慢悠悠地说着："我是怀念那踩水车的日子，那风，那水，还有那人……"闻听二哥的话，方华弟的脑海里闪出一个念头：在村口的池塘边安装一架水车，让游客用双脚感受古老汲水的乐趣与收获。

修桥铺路行善事

方伟文

    在义乌，有句老话叫作"行善三件事，修桥、铺路、办学堂"。20 世纪 90 年代前，义乌农村几乎全是泥路，村民出行往往是"晴天一身灰，雨天一身泥"。再加上家家户户鸡鸭成群，白天，农村房前屋后是这些家禽的活动场所，鸡鸭粪便满地。还有各种各样的生活垃圾，妇女们顺手就把它们扫进各自门前的雨水沟。一到雨季，这些垃圾直接流到村前的香溪。时间一长、垃圾一多，溪水上涨，不少家里就会水漫金山。

    20 世纪 90 年代初，从上方村前的香溪到出村口那一段路面坑坑洼洼，天一下雨，更是泥泞不堪，地面上还时常有积水。这条路是村民外出劳作必走的路，不仅如此，就是村民到井里挑水也绕不过这一段。当时村口住着吴钗有、方汪宝两家，这两家之间落差比较大，有五个台阶，不但挑担不方便，骑自行车也麻烦。为了村民出行不再难，方华弟、方伟文、方金良等村民自发组织捐资修建水泥路，短短的两天时间，共收到捐款八千余元。1997 年的 7 月，北自方汪宝家起到方泽山家（方卉小店）路段开始修建。方华弟从自己所在的公司取来劳动车、振动泵、电缆等工具，着手此路段拓宽铺水泥工程，沿路村民也是积极参与义务劳动，几天后，上方村内第一条由村民自愿捐助的水泥路在炎炎夏日中完美竣工。

1998 年 春，由革命先贤方城顺之妻杨静娟女士捐建的上方村到塘下小学道路硬面化改造完成。1998年春节，家住义乌北门街的她回上方村探
亲，当她踩上村里修建不久的水泥路时，心情特别激动，她没想到农村也有了这么好的水泥路。当时老人已九十高寿，她的子女们都想着给老人家办一场热热闹闹的寿宴。当陪同的堂侄方明达告诉她这条路是方华弟、方金良等人一起筹资修建时，她当即就表示要把办生日宴的钱捐出来，为村里的乡亲做一件实事。这条路在方华弟和方明达的组织下，方城顺门下的侄儿、侄媳妇们共同参与义务劳动，仅用两天时间，就让这条孩子们上下学常走的乡间土路变成平坦的水泥路，村民们走在这条宽敞的路上，纷纷为杨静娟女士的美德点赞叫好。当时修建这条水泥路总共花费人民币一万元左右。

1999 年，方中美、方悟州、方良春发起修建西起方柏青老屋，东到方正丰家路面。在他们几个的发动之下，大家有钱出钱，有力出力。这条路路面最宽，造价最高，共花了一万两千多元。

自此，上方村村民出入方便了，生活也更加惬意了。说起这一条条大家合力捐建、造福后人的水泥路，上方村村民非常自豪，来上方走亲访友的人们都夸上方的几位领头人做的是积德行善的大好事。上方村水泥路的修建，比义乌全市实行"路面硬化、卫生洁化、路灯亮化、家庭美化、环境优化"农村"小五化"建设超前了好几年。

美食特产

每个人的味蕾都有着形形色色的记忆，吃到嘴里酸甜苦辣咸，留在心里爱恨嗔痴怨。美食不仅仅是简单的味觉感受，更是一种有着地方特色的文化。上方美食有自己独特的地域特色风味，品尝后，让人回味无穷。

上方杨梅红遍山

潘爱娟

"远望山边点点红，五月杨梅正当时。欲摘此果尝个鲜，只恨不在此山中。"又到了一年一度的杨梅季，上方村漫山遍野的杨梅也张开了笑脸，被阳光衬得红彤彤的，杨梅散发着它独特的魅力，吸引了众多游客前来采摘。

上方村共有 350 多亩杨梅，其中高背畈种植基地面积 200 多亩。2005年 3 月，由上方村原村委会主任方华弟牵头，10 名村民共同投资，向村集体承包了荒坡地 200 亩，从浙江大学果树研究所引进杨梅优良品种东魁、黑炭等，开发种植杨梅 2 万多株，建成了义乌市东魁杨梅示范基地。次年，村集体又在金岗山、后山等山坡种上了 150 多亩杨梅，当时，每天有二三十人参加种植。杨梅树种植完成后，在村里以投标方式进行承包，所得款项用于

失地农民缴纳养老保险。

杨梅种植不仅改变了上方村外荒山的面貌，也同步改变了村民的理念，在方华弟的热情带领和帮助下，上方村 40 多户村民陆续入股杨梅基地。这些村民只需现金入股，后续一系列的种植、销售等问题都不用操心，且年年都有分红。村民们说，"村里这些山坡荒废了太可惜，看着也很不美观。通过种杨梅，不仅打响上方的名气，带动村民富起来，同时村周围的空气质量也得到了提升"。

一晃十几年过去，当年的小杨梅树变成了如今的杨梅林，曾经的荒山坡变成了现在的花果园。那一坡坡梅山梅海，随处可见闪红烁紫、凝翠流碧的画面。上方杨梅色泽红润，体态饱满，最重要的是它的味道特别鲜美。每逢漫山遍野杨梅飘

红的季节，杨梅林就会迎来一波又一波的采摘游客，有的是约三五好友，有的是扶老携幼。行走在杨梅园里，只见一棵棵杨梅树树枝叉开，绿叶繁茂，枝头叶缝处是成簇的杨梅果实。看着新鲜欲滴的杨梅挂满枝头，粒粒红果点缀其间，大有"未尝先觉口流涎"之感。采摘杨梅的游客拎着篮子穿梭在杨梅树间，边摘边尝，享受着采摘的乐趣。

上方村的杨梅品种以东魁为主，兼有少量黑炭。东魁杨梅又名东岙大杨、巨梅，是国内外杨梅果型最大的品种，果实圆形，果色紫红，肉柱较粗，一

颗杨梅有乒乓球般大小，单颗重达 20~25 克，7 月上旬成熟。6 月上旬成熟的黑炭杨梅又称荸荠种，色泽乌黑，果肉细嫩，味浓汁多，平均单果重约 12 克。

"南方果珍，首及杨梅。"由于杨梅历史悠久，品优质佳，曾被列入贡品，供帝王享用。李时珍在《本草纲目》中说"其形如水杨子，而味似梅子"。杨梅果实富含钙、铁、磷等各类微量元素、氨基酸、纤维素，营养价值高，是天然的绿色保健食品，能增进健康，延年益寿。杨梅果仁中所含的氰氨类、脂肪油等也有抑制癌细胞的作用。除此以外，杨梅还同时具有健脾养胃、排毒养颜之功效，能理气活血抗衰老，提高人体免疫功能。

杨梅放置在冰箱中可保鲜两到三天，置于冰柜可保存一年，制成杨梅干则可以放得更久。在义乌民间，常以杨梅浸酒来预防中暑。杨梅酒有白酒浸泡和杨梅自然发酵两种。白酒浸泡杨梅做法比较简单，但缺点是杨梅中的营养物质不能完全被吸收，且白酒味较浓。上方村杨梅烧通常以自然发酵成酒的方式制成，采用此法制成的杨梅酒可以避免白酒本身的刺鼻味，且能够保持馥郁的杨梅果香，酒体澄清透亮，入口清爽，风味独特。

义乌最大的东魁杨梅基地——百果山庄欢迎您！

风味独特上方枣

潘爱娟

　　说到营养水果，就不得不提及有着"日食三枣，长生不老"美誉的青枣。枣在我国已有 3000 多年的种植历史。早在《诗经》里就已有"八月剥枣，十月获稻；为此春酒，以介眉寿"的记载。在明隆庆、万历年间已有规模化枣园。清朝乾隆年间，它以枣肉肥厚、花纹细密、大小匀称的特点入选为贡品，因此还有"京果"这一美称。由于义乌青枣风味独特，《中国名产》还将其誉为"江南枣中佳品"。

　　义乌作为一个曾经的产枣地，许多村庄都见证过其辉煌时刻，以前很多

村庄都是满山遍野的枣树林。有这样一组数据可反映义乌种植枣的历程，1988年整个义乌的枣林达12658亩，全市44个乡（镇）中有42个乡（镇）产枣，为历史上面积最多和分布最广的一个时期。地处后宅街道的上方村也曾是义乌枣的主要产区，据1987年版《义乌县志》载："1965年，义乌县有39个公社（乡）、383个大队（村）产枣，以后宅、福田、桥东、塘李、前洪、杨村等乡为重点。"20世纪60年代，上方村曾是义乌县青枣种植基地，种植面积达80余亩。

上方村的枣林主要分布在村外的丘陵山坡上，除此之外，也在村旁、庭院、地坎种植。那些年，上方村的陈塘畈、高背畈、山坞塘畈、东东畈、岗芋山头畈、金岗山畈等都有大片的枣林，当时有枣树4000多棵，星罗棋布的枣林成了乡间一道道靓丽的风景线。

村头的枣树

上方青枣品种主要包括大枣、马枣、细枣和旗鼓枣。大枣果皮透白，肉多核小；马枣肉少皮厚；细枣中间大两头小，味道特别甜。其中大枣是制作南枣和蜜枣的主要品种，也是上方村主要的经济作物之一。每年五月，是枣树开花时节，成群结队的蜜蜂在散发着枣花香的树叶间嗡嗡地叫着，飞来飞去忙着采花蜜。到了夏末秋初，枣树的花儿全长成了半青半白的枣子。"六月六，枣尝生熟；七月半，枣当顿，糖梗二节半；八月中秋，枣下苏州。"这句义乌民间谚语形象地反映了当时枣的产量之多。金黄色的秋天是枣子收获的季节，人们手拿竹竿，提着竹篮，兴高采烈地或在树下敲打，或架好木梯，人站在梯子上摇晃树枝，一瞬间，那沉甸甸的枣子像冰雹一样落在地上，随便捡起一颗，用手一擦，吃在嘴里，脆脆的、甜甜的感觉顿时渗透每个细胞。

据当年青枣种植基地负责人方汪宝回忆，那些年的他既是负责人，又是勤杂工。枣树刚栽下的时候，塘李公社分管农业的领导嘱咐方汪宝请几个工人，帮助他一起除草、施肥、打药，工资由村生产队支付。但方汪宝觉得，这些活他一个人加加班也能够完成，只不过辛苦一点罢了，生产队的钱能省即省。当时青枣基地的肥料从购买到运输的费用，全由林业局全额支付，村里只需要派人做好日常维护。虽然没有帮工，但方汪宝还是把那一片枣林打理得生机盎然。林业局领导到基地视察，看到茂盛的枣林，对方汪宝赞赏有加。每到春节前夕，林业局的同志都会上门，给方汪宝送来毛巾、脸盆、热水瓶、保温杯等奖品，感谢他为青枣基地付出的劳动。

枣不仅是食物，也是药物。大枣有健脾益气、养血安神、缓和药性的作用，可以用于脾气虚、中气不足所导致的精神疲惫、肢体乏力、自汗、腹胀等症状的治疗。《神农本草经》书中将大枣列为"上品"，称其有"安中养脾肋十二经，平胃气，通九窍，补少气"等功效。汉代"医圣"张仲景在其所著《伤寒论》中，列有113个药方，其中有65个药方用上了红枣。明朝李时珍在《本草纲目》中说："枣为脾之果，脾病宜食之。谓治病和药，枣为脾经血分药。"元代义乌名医朱丹溪也对枣的药性有深刻的阐述，"枣：属土而有火，味甘性缓。《经》曰：甘先入脾，《衍义》乃言益脾。脾，土也，《经》言：补脾，未尝用甘，今得此味多者，惟脾受病。风俗移人，《衍义》抑或不免。小儿患秋痢与虫。食之良"。

20世纪80年代末90年代初，因改地造田，毁枣种粮，枣树逐渐减少，上方村村民对于成片的枣林只能定格于记忆中。

171

清脆香甜山花梨

潘爱娟

　　义乌山花梨的种植在宋代就初具规模，距今有上千年的历史，为浙江梨的优良地方品种。山花梨，又名三花梨，成熟期一般在8月中旬。清朝已有"梨亦以北产者良，南产以义乌之插花梨为最"的说法。山花梨的适应性强，而且早熟，丰产，耐储运。《民国义乌县志稿·义乌县修志采访录》就曾特别指出山花梨的耐储特点："早散花、迟散花二种，为能经久不烂，即或有之，亦只见黑斑处浅伤皮面……"在黄花梨推广之前，山花梨一直是义乌梨树的主栽品种。

上方村是义乌山花梨的主要产区，梨树种植面积广泛，这在民国《义乌县志稿》第六册"物产"中有所记载。到了 20 世纪四五十年代，上方村山花梨从田塍、地塓、庭院，成片栽植于旱地，实行梨粮（麦、豆）间作。梨树种在田塍上，既不妨碍种植粮食，又有经济收入。当时，上方村的山花梨在全县都有名气。20 世纪六七十年代，全村有梨树 1000 多棵，产量最高的时候达到 10 万斤左右。那时候，村里几乎是每家每户都种有梨树，只要有土的地方就有梨树。梨树是村民的宝，家里的肥料是舍不得用到田里的，大家都把粪便用到梨树下。那年头，一年有上万斤梨子可以采摘的家庭有好几户，一棵梨树摘七八担梨是常有的事，丰岗塘两斗田里 6 棵梨树就可以摘3000 多斤梨。由于山花梨的丰收，有一段时期上方村的经济收入高于周边农村，村民的生活水平也相对要好。

上方村种植的山花梨主要品种有白柳梨、黄梅梨、白梅梨等。山花梨的果实呈卵形，因其果肉洁白如玉，似霜如雪而有"大如拳，甜如蜜，脆如菱"之说。那些年的山花梨特别大，半斤多一个的比比皆是，七两八两的也不少见。梨皮细而薄，果芯小，梨肉雪白脆嫩，汁多味鲜甜。成熟的山花梨采摘回来后，梨农先是对其进行筛选，分为特级、一级、二级、三级，用竹藤筐（也叫梨蒲）80 斤一筐或 100 斤一筐装好，然后挑到塘李供销社，由供销社统一运往杭州、上海等大城市。山花梨开始种植的时候是农户自产自销，到人民公社化时期村里成立了生产队，梨树归为集体财产。

梨花有一种静美，白色的花瓣晶莹剔透。每年三月梨花盛开时，附近的村民都会到上方村观看花海。到了秋天，那些白里透红的花朵就成了一树树的果，黄灿灿的梨，不仅让人赏心悦目，更可以让你唇齿留香，生津清肺。梨味甘性凉，并含有多种维生素和纤维素，能清热镇静，保护心脏，减轻疲劳，增强心肌活力，改善头晕目眩等症状。梨可生食，也可用煮、蒸、烤、冻、冰糖炖等方法来吃，其中冰糖炖梨的烧法最为流传。还可加工制成罐头、梨汁、梨干、梨酒、梨醋、梨酥等。山花梨止咳化痰效果比较好，不仅好吃，还很适合做梨膏糖。

　　到 20 世纪 80 年代，由于树种的老化，品种的更新，上方村的山花梨种植面积大幅度减少，到了 90 年代末，只有在部分田塍、地塍上能看到几棵山花梨老树，这些梨树也是虫蛀的蛀，晒的晒，基本不会结果。渐渐地，山花梨的树种不仅在上方村，就是在整个义乌也难觅其迹，市场上再也买不到纯正的山花梨了。随着外地优质品种的引进，传统品种山花梨在义乌已经越来越少，取而代之的是名目繁多的新品种，但山花梨那甘甜可口的滋味却成了上方村村民脑海中一丝甜蜜的回忆。

爽滑可口说索粉

潘爱娟

　　索粉也称粉丝、线粉。宋陆游 《老学庵笔记》卷一："集英殿宴金国人使，九盏：第一肉咸豉；第二爆肉双下角子；……第七奈花索粉……"清代吴敬梓在《儒林外史》第十回有这样一段话："席上上了两盘点心……热烘烘摆在面前，又是一大深碗索粉八宝攒汤。"由此看来，索粉在古代就是上好的食材。

时间回到 70 多年前，那年头，能做索粉的村不是很多，能做索粉的人更少。而上方村一个村里就有两户人家做索粉，一户是方元富、方元银、方小银三兄弟开的家庭作坊，另一户是方元武四兄弟。据方小银的大儿子方金良回忆，他们家在 20 世纪 40 年代末就开设抽索粉的作坊，兄弟三个斗大的字不识一个，但一家人和和睦睦，勤俭持家，日子也过得有滋有味。

　　制作索粉有一套工艺流程，要经过水洗、浸泡、研磨、蒸煮、抽丝及晾晒等十多道工序，而且每一道工序都来不得半点马虎。从稻谷到白米，从白米到索粉，除了设备，操作也十分辛苦，特别是米团捣压这个过程，可不是省力的活。

　　索粉作坊并不是常年营业的，做索粉一般只在夏、秋两季，这跟百姓的需求有很大的关系。南方稻谷种植有早晚两季，夏天一季秋天一季，早稻 7 月上中旬成熟，晚稻 10 月上中旬成熟。每到稻谷成熟的季节，方元富兄弟

三个总是一大早就出发，将一担担抽好的活索粉，挑到附近各村，挨家挨户去叫卖。有钱的人家三分五分用现金买，拿得出现金的一般都是村里的大户人家，这些人家平时零碎的活都自己干，但到农忙季节免不了要雇用短工。夏秋两季天气热且时间长，雇用的短工为了抢时间，加速度，往往是天蒙蒙亮就出工，到了早上七八点钟的时候，肚子饿得咕咕叫，这时候东家都会送上点心，有时候是红薯粉做的羹，有时候就是现抽的活索粉。当时农村中生活条件普遍不好，村民们想吃活索粉，也就是用点稻谷或黄豆兑换。"出笼的包子，新抽的索粉"是当时人们公认的美食。刚做好的索粉香气袭人，看着就让人垂涎欲滴。炎炎夏日里，在活索粉上面浇点酱油和醋，倒点凉开水调匀，那白白嫩嫩的活索粉，就成了一碗味道醇香可口的舌尖佳肴。

待到天气转凉，吃活索粉的人慢慢减少，这时候就需要将索粉晒成干。晒干的索粉既可用来当主食，又可做小吃，同时更是逢年过节，生辰吉日的馈赠佳礼。在义乌农村，许多家庭都备着索粉干招待客人。

索粉质地柔韧，具有水煮不糊汤、干炒不易断等特点。它保持期长，便于储藏。索粉可以炒着吃，也可以煮着吃。炒着吃的一般为细索粉，一碗简单的鸡蛋炒索粉，只要把鸡蛋打散炒熟，加上油盐酱醋各种调味品，最后在上面撒点小葱就可以。煮索粉粗细皆宜，索粉烧熟捞起，泡一碗汤，在汤里加点油和酱，就是一碗美味的水索粉了。现在，各家小吃店索粉制成的美食更是花样百出，在酱汤和剁辣椒之余，还能随心搭配黄瓜丝、海带丝、花生米、豆芽菜、榨菜丝、萝卜丁、香菜、芹菜等凉拌菜，水索粉的口感更加丰富了。

香醇浑厚农家酒

潘爱娟

黄酒的历史源远流长，早在 5000 多年前，我们的先祖就开始酿制黄酒，注重养生了。《黄帝内经》中的《素问》篇中记载了黄帝与岐伯讨论醪醴的对话，"为五谷汤液及醪醴如何？"《汉书》有载："酒者，天之美禄。"此意乃赞酒者，为上天所赐之美物。

上方自创村伊始即开始酿制黄酒，延至于今，历未衰歇。据村民方汪宝回忆，解放初期，上方村家家户户都有酿制米酒的习惯，人人都是"做酒师傅"，民间"造酒师"可谓高手如云，方汪宝就是那个年代的酿酒高手，他的外婆和三个舅舅都是做酒师傅，新中国成立前在东河乡殿口村开有酒厂。方汪宝的母亲经常带着年幼的他住在娘家，从小耳濡目染的他十来岁开始就会自己制作黄酒。不过，他开始做酒的时候一般都以自己喝和招待客人为主。

制酒，讲究地域、时间、气候。冬至前后，上方农家始酿年酒，大户用酒缸，小户用酒坛，酿酒米多者上担，少者数十斤。方汪宝说起当年做酒的情景，仍然津津乐道。他说做酒也是一门学问，但学会了就很简单。把糯米、红曲、清水按比例调好，分次倒入缸中进行搅拌，调和成粥状。一两天后，屋内盈满酒香，那是酒缸内的红曲米在发酵，米饭、红曲在水缸里冒着泡，即使表面平静，也可以听到缸底"噗噗"的冒泡响动。当酒缸中间的竹编篓子的米酒到一定的高度，表明缸里的酒可以喝了。酿好的红曲酒色泽艳丽，清亮透明，馥郁的酒香中又混合着谷物的清新，呷上一口，味道醇厚夹着甘甜，让人回味无穷。

上方农家酒俗包括人生酒俗、节令酒俗、生活酒俗等多种。人生酒俗包括一人从出生到寿终的酒俗，出生要有满月酒，周岁要有得周酒，结婚要喝喜酒，过生日要喝寿酒，人过世要办丧酒，以后每年又要做忌日酒等。上方农家的酒俗还包括节令酒俗，如春节酒、元宵酒、清明酒、端午酒、中秋酒、重阳酒等，一年到头，老酒真是喝不完。比如端午酒：农历五月初五端午节，家家门前要挂菖蒲、艾叶，中午要喝端午酒。端午节不仅大人喝酒，在小孩面额上还要蘸上雄黄酒写上个"王"字，以避邪祟。此外，还要把雄黄酒喷

洒在屋内各个角落，家家户户打扫灰尘。因为过了端午，盛夏来临，所以喝端午酒、洒扫庭院过端午节，实在是个很好的卫生节日，此风俗一直流行至今。在日常生活中，酒与村人更是密切相关。造房子要吃上梁酒，欢迎贵宾要喝接风酒、洗尘酒，为亲人朋友送行要喝饯行酒等。真可谓是"无酒不成礼"。以酒为礼、以酒抒情、以酒祈福、以酒表意、以酒会友，构成了从前上方农家一幅多彩的民风习俗图。

黄酒由糯米拌红曲制作而成，具有温润滋补之功效。朱丹溪在《本草衍义补遗》中记载："红曲，活血消食，健脾燥胃，治赤白痢，下水谷，陈久者良。酿酒，破血行药势，杀山岚瘴气，治扑打伤损，治女人血气痛及产后恶露不尽。"红曲酒有补气血之功效，妇女生完孩子后服用，可以帮助尽早恢复产后气血亏虚之体。寒冷的冬天里，来一碗热腾腾的鸡蛋酒，不仅能温暖肠胃，僵硬的手脚也会变得灵活起来。

自酿的红曲米酒香醇浑厚，口感纯真。在乡间，红曲酒是农民们强身健体的家用料酒和待客的上品。主人们除自己饮用外，还是招待客人、馈赠亲朋好友的佳品。平时炒菜、炖汤也少不了它。在人民生活日渐富裕的今天，自家酿制的环保红曲酒越来越受到人们的青睐，红曲佳酿的幽香在城市乡村源远流长。

葱香味浓说肉饼

潘爱娟

上方村的肉饼，历史悠久，做工选料讲究。上方肉饼既大又圆而且特别薄，吃起来又香又脆。很多人都说东河肉饼好，可吃过上方村的肉饼，都会伸出拇指叫绝，有食客甚至发出了"上方肉饼赛东河"的感叹。

上方村制作肉饼的能手有很多，丁宝仙就是其中之一，她做的肉饼形状

美观，油而不腻。肉饼的味美色佳，与其用料考究、做工精细密不可分。丁宝仙对用料十分讲究：面粉要精，葱要新鲜，肉要剁细。一般人制作肉饼都会选猪腹部的五花肉，由于猪腹部脂肪组织很多，其中又夹带着肌肉组织，肥瘦间隔，它的肥肉遇热容易化，非常适合做肉饼。丁宝仙做肉饼用的是猪的前腿肉，相对于猪后腿，猪的前腿运动量较大，肉质比较细嫩，肥瘦相间，瘦肉之间有油层。前腿肉的特点是三分之一的肥肉和三分之二的瘦肉。用前腿肉做的肉饼因为瘦肉多，吃在嘴里不会油腻。

外人都认为肉饼由两饼装馅合成。因为平时大家听得最多、看得最多、吃得最多的也就是东河肉饼。东河肉饼用的是两块小面饼，在两块面饼中间加入肉馅。上方肉饼则由两块粘连的麦饼合成。制作肉饼时，在两块粘连的面团中间加入葱和调料拌成的肉馅，然后把小面团像盖盖子一样合拢，用手压成圆圆的麦饼，形成一个中间鼓周边平的圆形面饼。只见丁宝仙双手轻轻扯动，面饼在她手上飞舞，一上一下，一正一反，边拉边扯，只不过 20 秒钟的工夫，她手中的面饼变成了大大圆圆的肉饼，动作之快令人眼花缭乱。她把拉好的肉饼拿在手上，透过薄薄的饼面，我看到了肉馅和青葱均匀地分布在整张饼中。不仅饼中央如薄纸，边缘也是薄薄一层。用"形如圆月，薄如宣张，色如琥珀"来形容丁宝仙制作的肉饼是最恰当不过了。

烤肉饼用的是平底锅，这是为了受热均匀。在煎烤时先用猛火将锅烧烫，锅底涂上少许荤油，放入拉好的肉饼，再用文火煎烤，待颜色一点点变黄后，即可出锅。只是一会儿的工夫，竹盘里就叠起了高高的一叠圆圆薄薄的肉饼。此时，顾客进店，来一碗白米粥，一碟榨菜，要三五个肉饼，是最惬意的了。

丁宝仙最早从城区的湖清门店铺做起，后来到前大路、化工路，现在又把店开在了后宅中心卫生院对面的德胜小区，店开到哪里，生意旺到哪里。由于她精湛的技艺，已连续多年获得义乌市妇联等部门授予的"舌尖巧娘""田园牧娘"等荣誉称号。2021 年 4 月 24 日至 25 日，她又作为金华市妇联选派的三位代表之一，参加了由省妇女联合会、省农业农村局、省商务厅、省文化和旅游厅联合举办的"品美食促消费享幸福"浙江省第五届"妈妈的味道"

活动，经过两天的线上线下手艺展示，其参赛的美食项目最终获得"最佳人气奖"。

这几年，丁宝仙经常受邀去各大酒店参加才艺展示，每年的政协、人大会议她也是以巧娘的身份参加服务，附近村庄有什么重大活动或重要客人到来，她也是在被请之列。上方村里每次开展活动，只要一声招呼，她从无二话。今年以来，由于受疫情影响，来店铺堂食的顾客有所减少，但慕名前来订制肉饼的顾客越来越多，上方肉饼的名气也越来越响。

十塘九藕荷飘香

潘爱娟

　　藕，又称莲藕，是农家百姓餐桌上一道最常见的菜，清炒莲藕片、桂花糯米藕、排骨莲藕汤，等等，五花八门的做法，让藕变换出无限美味佳肴。

　　上方村田多，池塘也多。20 世纪六七十年代，村内村外有许多大大小小的池塘。据现年 84 岁的方金良回忆，村里最多时有三四十口，那时候，上方有后山塘、九斗塘、桥头塘、新开塘、竹余塘、路口塘、风光塘、毛深塘、莲里塘，还有一些叫不出名来的小池塘，这些池塘大多植有莲藕，当年的实况用"十塘九藕"来形容一点也不为过。池塘养藕，既可观赏，又有收成，正可谓是两全其美。因为在他们这一代人的记忆里，莲藕不仅是一道菜，还是可以用来充饥的主食。

　　藕是莲的地下茎，属水生类蔬菜。藕苗从清明时节开始种，中秋节过后就可以挖了。正所谓春荷萌发，夏荷热烈。夏日"十里荷花翻彩浪"，秋季"留得残荷听雨声"，立秋过后，满塘荷叶渐渐枯黄，在塘底泥土中睡了一个夏天的莲藕，一天天肥壮起来。所以挖藕的时间一般是在前一年的八月至次年的四月，再迟也不能超过清明，过了清明，藕就会生出嫩芽，其味道完全不能跟秋冬季的藕相提并论。

　　改革开放前，上方村的藕塘全部归生产队所有，塘随田属，田属于哪个生产队，池塘也归哪个生产队。挖藕是一个颇耗体力的农活，在塘藕收获的季节里，农人穿着破旧的衣服，下到藕塘，用脚试探藕的走向，用铁铲一

路翻开淤泥，下铲的时候不能太深太陡。为了能挖到完整的藕，要非常小心地拨开藕边上的淤泥，慢慢地摸清整段莲藕的走势和长度，小心翼翼地往上提，这样才能让藕的表面不破损，藕节不被折断。一旦断了，泥水会进入藕孔，不仅清洗不方便，其味也会受影响。如果是冬天挖藕，不仅需要技巧，还要双脚陷入污泥忍受寒湿。到目前为止，人工挖藕仍然是唯一的方法，其辛苦可想而知。

藕属于生产队，挖藕人挣的也只是工分，但挖出来的藕除留下藕种外，全是按照口粮分给农户的，有时候是集体挖上来后按堆分，有时候一口塘分给三户或五户人家，让这几户人家一起挖了分。藕的丰收季节是在秋冬季，但一些阳光充足的池塘，七月中旬莲藕就会长出新的藕节，"七月半，二节半"，过了七月半，少数几口池塘的莲藕开挖，但基本上都是等双季稻用不到水时，才正式开始进入挖藕旺季。

农业学大寨时期，全国开展以粮食增产为主的农田水利建设，人们建水库，修渠道，池塘水不再是农田灌溉的主要来源，上方村一半以上池塘被填埋，种上了水稻。到了 20 世纪 70 年代末，后宅岭脚水库建成，村里的藕塘更是日渐减少。分田到户后，方金良挖了三四年的藕，挖出的藕除自己吃和送亲戚外，一小部分挑到附近的曹村、前洪、柳青等集市出售。后来随着年龄的增长，生活水平的提高，他们这一代人也不再种藕挖藕，村里的藕塘也基本废弃，现在的上方村，仅剩下毛深塘一口藕塘了，这池塘的藕每年挖每年长，大有一年更比一年旺的势头。这池塘原来也是属于村集体的，十几年前承包给上方一村民，2022 年初，因园田化改造需要，池塘由街道统一管理。

乡间轶闻

每一处地名的由来，都值得细细地品味；每一个故事的背后，都浓缩着智慧的精华。那一个个鲜为人知的乡间轶闻，犹如一颗颗散落人间的珍珠熠熠发光。这些古老的传说，给上方注入许许多多神秘的色彩；那些陈年往事，已成为村民茶余饭后的谈资。一代代口口相传，经久不息。

上方地名的来历

艾 华

　　千百年来，地名世代相传，代表着人类文化遗产最古老、最活跃的部分。一个地名常常能够折射出当地的历史的厚重和浓浓的诗意。比如上方，那是后宅的村名中极为雅致的名字，透露着农耕时代的温柔典雅。

　　上方村地处义乌市后宅街道西部，距街道所在地 5 公里，山清水秀，环境优美，香溪之水穿村而过。熟悉上方的人，都知道这里是一块人杰地灵、美丽而又富饶的风水宝地。

　　众所周知，地名作为一种文化遗存，与当地的民俗、传说、宗教信仰、历史人物等密切相关。上方分里宅、外宅，有五指山、麻山等群山环绕，加上留有的屋基丘、车门丘等遗址，很多地名我们如今读来，仍能感受到优雅典致，充满诗意。这里的每一个地名，都是那样别致的引人遐思，总让人觉着有几分浮华过后耐人咀嚼的余味。

　　地名不仅仅是一个称呼，更是一种历史的传承。中国人起名特别考究，不仅表现在人名上，还有很多地名也是起得极美的。直到现在，那些名字都经得起细细推敲，要不怎么说中国文化博大精深呢。这一点，在上方倒是得到应验。

　　据文献记载：上方村约始于南宋庆元年间（1195—1200），距今已有

800多年的悠久历史。另据《川塘方氏宗谱》记载：川塘村名士方文彬，字君文。读书甘苦，性淡泊。既以经义科，应浙漕免解进士。这一事实，在古代的《义乌县志》里，就有明确、清楚的记录。文彬公是上方村的始迁之祖。

文彬公育有三子，其中长子叫方渥（1210—？），字国济，次子叫方岳（1213—？），字国望。兄弟俩因其父不图读书求仕，就另辟蹊径，学起陶朱公潜心经营，家境也就慢慢地富裕起来。

有了一定的经济基础之后，两兄弟就开始选佳址，谋划起华堂、建新居。上方村的里宅为方渥所建，外宅为方岳所营。所以，今天的上方村方氏子孙共分两支，方渥是上方村里宅之始祖，方岳是上方村外宅之始祖。

地名就像人名一样，既是一种称谓，也是一种符号。地名是一个村落发展的脉络，也是这个村庄历史的活化石。了解一个地方，得先了解它的地名。上方从字面上有多种意思，可解释为前面，这里指的是方位关系；也可指上级，存在隶属关系。《汉书·翼奉传》："上方之情乐也，乐行奸邪，辰未主之。"颜师古注引孟康曰："上方谓北与东也，阳气所萌生，故为上。"

一个小小的称谓，包含着许许多多的故事，有着悠久的历史变迁和文化底蕴，深深地烙刻于游历在外的人心中，瞬间变成家的代名词。

对于地名的理解，一般可分为三个阶段：小时候对上方的名字，纯粹因好听而喜欢，这是大多数上方人对村名的理解概念；长大后，阅历日渐丰富，越发觉得上方的地名甚有特色，不少还融入了当地的历史、典故和位置等因素；如今，年岁渐长，越发对上方地名怀念与好奇，忍不住去查它的来历和故事……

地名之本，当是其地理，上方理所应当与其所处的地理位置和自然环境以及姓氏有着密不可分的关系。上方，因地形而得名。这地名的来历，缘由地理方位。据《义乌地名志》记载：始祖姓方，村坐落于山坡上，故名。位于塘李乡政府驻地西南1.5公里，金山坑西南部。村呈长方形。地处丘陵。此外，据《古代帝王图鉴》载："炎帝榆罔孙方雷氏，佐黄帝有功，封方山。"方雷的后代以山为氏，形成了方姓。方氏起源方山（古扬州方山县）、迹肇河南（今河南省洛阳市），甲兴青溪（今浙江淳安县），自东汉、隋、唐、宋、元、明、清，以迄至今极盛。文彬公深知方氏渊源，怎敢忘却方山，更念及方腊起义的影响，为避开一些不必要的麻烦，特让其后裔隐去"山"字，取名为"上方"。

北京有上方山，苏州有上方山，可见文彬公的志向有多高。不过，有些村民倒是更倾向于另外一种说法，他们依据上方的谐音来解释，希望子孙后代能持"尚方宝剑"巡察天下，寓意这里必定能出国家栋梁之材。想想也是，这种说法并非空穴来风。清代有武进士方聚星，现代有方海生等 9 人拥有大学教授、博士生导师等职称，上方可谓是人才辈出，名扬天下，一代更比一代强。

方氏三迁居上方

王 君

　　"汉代名门望族，唐朝理学名家"，说的是方氏家族的辉煌历史。方氏至今有近 4700 年的悠久历史，出自方雷氏。神农炎帝十一世孙即八代帝榆罔长子曰雷，黄帝伐蚩尤时，雷因功被封于方山（今为河南省禹州市），雷受封于方山后，称方雷氏，子孙以地为氏，分为雷姓和方姓。到了西汉末年，丹阳县令方紘因王莽篡权，为避乱，从河南迁居安徽歙县东乡（今为浙江淳安），成为徽严二州，乃至所有的江南方氏之共祖。

　　方氏后裔十分珍爱颂扬自己的发祥地——方山，每迁徙到一个新地方，都将自己的住居地命名方山，方氏后裔迁到哪里，哪儿就有方山这个地名出现。方山成了方氏后裔聚居的标志。但方氏迁来浙江淳安时，却一改常态，不把方山这个地名命名淳安第一个新居民村，而是巧用了"漕湖"作为方氏新居地的村名。这是为什么呢？是因为其父方望是西汉王朝中的太傅，因反对王莽篡政，已被王莽杀害；方紘是西汉王朝的司马长史，也因反对王莽乱政，被王莽追杀，他带着一家大小，逃到江左这个万山环绕的淳安县，是为了政治避难。因此，千万不可将"方山"这个祖地名直接用出来做方氏迁淳的新住居地名，以免为王莽追杀留下蛛丝马迹，留下后患。于是，方紘将方山这个祖地名深深地埋在心里，巧妙地用方山外围的大地名"漕湖"来代替"方山"

天地储精，庶类化生。物偏而蠢，人秀而灵。习与知长，化与性成。幼不知学，乃兽乃禽。

秉彝未丧，蒙养须正。人生八岁，始入小学。洒扫应对，进退惟恪。爱亲敬长，动尊礼法。

上和下睦，趋善避恶。见宾承祭，供豆执酌。留心射御，书数礼乐。年方十五，而志于学。

大人事业，圣修我托。不视恶色，不听淫乐。不出傲言，不嗜狂药。犨骄匪吝，匪刚匪弱。

时言时语，莫欢莫谑。敬慎威仪，渊水凛若。去伪黜浮，至诚纯悫。隆师取友，如斤如错。

诵诗读书，菜根藜藿。夙兴夜寐，潜心玩索。日就月将，莫尔落魄。学优则仕，飞黄腾踏。

一旦身荣，名登甲科。姓字流香，家邦必达。锦衣肉食，高官厚爵。上不负君，下不负学。

显祖荣宗，不愧不怍。勿读则耕，资之养生。胼手胝足，树艺五谷。朝夕养豢，早起晏宿。

及时籽耘，仓盈箱足。不寒不饥，仰事俯育。先人成业，以似以续。

蓄储赢余，即富乃谷。好礼乃裕，俊汰则覆。不愿膏粱，不耻恶服。慎乃俭德，无令纵欲。

济人利物，不宜窘束。积德累仁，自然造福。凡我子姓，惟耕惟读。行商走贾，风波劳碌。

府吏胥徒，寡尤寡悔。恤苦怜贫，毋专势利。一介不取，见得思义。和宗睦族，惩忿窒慾。

纳言敏行，善处闾里。安分知己，立纲陈纪。行著当时，名垂后世。欺天罔人，是求怨詈。

守此终身，人道攸系。诲尔小子，勿谓我戏。服膺弗失，庶全赋畀。

方氏家塾蒙训

这个心爱的真地名。由此可见，方氏的先哲们是何等地用心良苦！

　　世事多沧桑，往事越千年。到了宋代，方氏出了个敢向皇帝说不的方腊，举旗造反。方家遭难，大量方氏后裔受株连。方沉公考虑到自己三代单传，为了家族兴旺昌盛，就学着西汉末时的老祖宗一样，审时度势，决定举家再度迁移。于是，方沉公去问卦于相术风水大师。大师说："一路往东方向走，看见有龙凤一起栖息的地方，即可落脚定居。"方沉公选定吉日，一行三人自睦州白云源动身一直往东。这一日，方沉公来到义乌稠岩南麓的一片平坦之地。正是中午时分，天气炎热，正想就地歇脚。忽然，方沉公看见那低洼处盘旋着一条黑底白花纹的巨蛇。恰在此时，空中飞来一只五彩锦鸡。方沉公心里一喜，此乃龙凤呈祥之景象也！这时，方沉公东看看西瞧瞧，仔细观察起四周的地形，两边有山，中间一川，低洼处是碧水，犹如狮象守门，便决定建造家园定居下来。自此，方沉公成了川塘方氏始祖。

南宋时，川塘出了个名士叫方文彬，字君文。读书甘苦，性淡泊。既以经义科，应浙漕免解进士。这一事实，在古代的《义乌县志》里，就有明确、清楚的记录。文彬公是上方村的始迁之祖。因而，有人推测出上方村约始于南宋庆元年间（1195—1200），距今已有800多年的悠久历史。

文彬公虽然有出身，但他平时喜欢闭门写书，如同一位寒门书生。有人劝他去做官，他说："做官是为了实现抱负啊。只要志向实现了，还在乎那点俸禄吗？"文彬公为人性格坦诚、随和，没有城府，大家在一起，如同一家人一样。

别人都羡慕文彬公祖传的家私多，但一分三之后，剩下的就很少了。当有人向文彬公借贷时，他就从家里拿。别人劝他："你应该为子孙打算，不应出手。"文彬公解释说："世上之人多喜欢为后代子孙做牛做马，但最后多是不肖子孙得到好处。不如多做好事，多积功德。"文彬公对功名富贵的见识和心胸，竟然与普通人如此不同，因此，他是古时候义乌地方上公认的一位品德高尚的贤士。

据《川塘方氏宗谱》记载：文彬公育有三子，其中长子叫方渥（1210—？），字国济，次子叫方岳（1213—？），字国望。上方村方氏子孙共分两支，方渥是上方村里宅之始祖，方岳是上方村外宅之始祖。从此，父子两代人在上方安居乐业，不断壮大方氏这个大家族！当然，这是后话。

通钦公和白羊山

方柏青

　　上方祖通钦公名伯达，是始祖八府君的第四代，通称百四太公。墓葬在村西南白羊山，土名前坟头。这是一块风水宝地，坐南面北，左右两翼梯田层层，田塍弯弯很对称，墓寝如坐在一把太师交椅中。坟面无碑石，是厚砖叠砌，墓壁已倾斜下沉，且布满了青青细长的蔓藤。墓前一片绿苔，左旁一株蜡梅，已显得凋零残朽，但"枯木逢春"，寒冬仍会开花结果，次年暮春，梅果成熟，童稚结伴去敲打，味酸渗透牙齿。时已过去一"甲子"，至今不忘。后来这株古蜡梅不知何时被何人砍去当柴火。墓的右边有两人合围的古松一株，树干笔直，遭雷击断了一梢头，树皮上还有一道伤疤。坟墓后面山上古松参天，有数百株，阴阴森森，遮天蔽日。

　　1942年农历四月初七，家乡沦陷。此地地形凹下，林木茂密，日寇不易察觉。我伯父独自争先，踉跄逃奔通钦公墓前，频频磕头，默默祈祷，愿百四太公保佑平安。次日初八，日寇离村，但人们仍不敢回家。当夜幕降临，老天变脸，风雨交加，个个无奈，趺坐或蜷缩在树林下，湿透衣襟，风凄凄，雨切切，更增加伤感。又听说本村方元兴被俘，杀于溪上，村人惊恐而又愤怒，偃伏在前坟头派塘，屏声息气，噤若寒蝉，不敢稍动。露宿山中四五日，饱受惊惶与饥寒。后来日寇屡屡出动扫荡，不知多少次数。1943年，全片古松被日寇强迫砍光，锯为枕木。后因抗日部队阻击，枕木未被日寇运去，但一片松山已成为光秃秃的白山了。1945年，抗战胜利，日寇投降，河山光复，千万万同胞始得宁日。

世祖通钦公墓经历了八百多年的风雨侵蚀，现在与其他先祖古墓一样，早已无人祭扫，其墓地在开垦荒地中被毁无遗了。岁月的流逝，往事似过眼的烟云，留给我们的只是无尽的怀念。

方兴楼隐逸朝市

艾 华

"我们上方村的文化遗产真的很多，都是古代建筑艺术的精华。"村民方华弟饶有兴趣地指着《红色上方》小册子，为笔者介绍起上方的以往传奇历史。"一条鹅卵石砌的古道，有一华里长。上方现有土名挂容田、后门塘、鼓丘（鸣钟擂鼓）、道士丘、园里丘等。还有前楼奥小村，土名屋基丘，车门丘等遗址。1990 年前后，村民在上车门建房时，开挖基脚清出多处阴沟（下水道）厚方砖、石门槛等遗迹，还有李祖村香火前遗址；1995 年，村民方协新叠墈清出断墙丈余。"

正如晋代陶潜《归田园居》诗之四所云："一世异朝市，此语真不虚。"从上了年纪的村民口中得知，在上方村上车门这个地方，原有一处是古代溪干王村落，居住着王姓人家。当时的王姓人家，还真的不简单，曾出了个王郡马。

大家都知道，驸马是皇帝的女婿，而郡马即是皇帝的兄弟——王爷的女婿。大概是晚唐时代，溪干王这个弹丸之地、穷乡僻壤间出了一个郡马，生活在山沟沟的王姓人家，成为晚唐时期李家天子的皇亲国戚，那真是相当荣耀。据宋朝欧阳修《归田录》卷二记载："皇女为公主，其夫必拜驸马都尉，故谓之驸马。宗室女封郡主者，谓其夫为郡马。"郡主作为亲王之女，无论嫁给谁，谁都要以君臣之礼相待，所以郡马只能娶一个郡主，而且是得罪不起的角色。所以说，人善被人欺，马善被人骑，金枝玉叶下嫁，对男方家庭，或许是好事，嫁妆不会少，赏赐时常有；但对那个男人，则未必是什么好事。

好在王郡马夫妻十分恩爱，倒是成就了一段美满婚姻。况且，王郡马虽为皇亲国戚，却始终没忘记自己的父母，他选择了一个得天独厚的地理位置，出资建筑一座相当气派的房子，供父母居住。

只是好景不长，王郡马落了个生不逢时的结局。进入五代十国时期后，战争频繁，政权屡有更迭，百姓是苦不堪言。随着长安等地先后失陷，王郡马迎来了人生的黑暗时光，为保全性命，一家人只好背井离乡外出逃命。若干年后，这一幢由王郡马亲手打造的江南民居因年久失修而倒塌，不知不觉中从人们的视线里黯然消失。

不过，在王郡马离开上方之后，又有楼姓家族迁居于此，后又因涉及香山寺"坟前寺后"风波而不得不远走他乡。每每说起这些往事，上方的老人常常感慨万千，"溪干王前楼奥村，因后继无人，而断绝香火。湮没于何时亦无从查考"。正所谓，"方始兴焉楼王隐，一世异朝市，安知人生如攀登"。

有道是，"三十年河东，三十年河西，风水轮流转"。随着上方的方氏由小变大、由弱转强，昔日王氏与楼氏两大家族彻底消失于尘封的记忆里，越走越远。

白羊山的由来

王 君

一方水土滋养一方百姓，一处地名蕴含一段传奇。虽说白羊山其貌不扬，上方的老年人表示此地从祖上相传与神仙有关，却不能说出一个所以然。其实，顺着史书等古典书籍一路寻去，倒有可能与葛洪等人有关。

据《义乌县志》（1987 版）记载：金华山干脉自旗鼓尖继续沿义乌、浦江界山东走至东河乡，有天公山。自天公山继续沿义乌、浦江界山东走至塘李乡，有狮岩；过步虚岭，有德胜岩（381.7 米。即稠岩，峰峦稠叠，故名）。北有上岩洞，南有洪岩洞。山腰有石屋，中为室，广数丈，深十数丈。相传晋咸康中，丹阳令葛洪 (283—363) 隐此。

说起葛洪，还得先来说一说他的伯祖父葛玄，在道教也是响当当的人物。葛玄（164—244），字孝先，三国时孙吴道士，琅琊（今属山东）人，人称"葛仙翁"或"太极左仙公"。葛玄自幼好学，博览五经，喜老庄学说。西晋时传说，葛玄遇到方士左慈，得受《太清》《九鼎》《金液》《三元真一妙经》等，传授给郑隐（郑隐后来又把丹经给葛洪），后遨游括苍山、南岳、罗浮山、阁皂山诸山；东晋后期传说，太极真人徐来勒把灵宝经传授葛玄，葛玄传给郑隐，郑隐传给葛洪，再辗转传给葛巢甫，自此灵宝经大行于世，葛玄成为灵宝经出世与传授的关键人物。

有道是，人的名树的影。在当时，葛洪可是一位大儒和医药学家，博闻多识，很有才学，并热衷养生炼丹。要知道，葛洪约 16 岁时就拜郑隐为师，因潜心向学，深得郑隐器重。郑隐的神仙、遁世思想对葛洪一生影响很大，因而选择归隐山林炼丹修道、著书立说。得知葛洪在德胜岩修炼，登门拜师学艺者也就不计其数。

　　这一年，来了一名年轻的小伙子，想跟葛洪学养生炼丹。葛洪擅于相面，知其日后必是"青出于蓝而胜于蓝"，彼此以道友相称，并不时给予指点。时光如梭，转眼间已过一年半载的时光。这小伙子自以为已掌握诸多法术，就在德胜岩下施展开来。先是呼风唤雨，后是点石成金。葛洪见状乘其不备，在小伙子叱石成羊之际，暗中将白羊隐在山中。小伙子眼见自个变化的白羊若隐若现，方知功力还未到火候，只好继续潜心修炼。是夜，葛洪告诫小伙子凡事不可操之过急，要顺其自然，只要掌握了上乘法术，前途自不可限量，而且是走得越远也就红得越火。

　　说到此，有人猜想这位小伙子是不是黄大仙？黄大仙叱石成羊的故事，那是妇孺皆知的神话传说。有点像又有些不像，因为口口相传的故事里，没有人明确说过是黄大仙。作为后人的你我，自然无法判断故事的真伪。不过，白羊山的地名跟神仙有关，倒是正儿八经的。可惜的是，没有人能说得出一个头绪来。这多多少少是件遗憾的事。

靠山 "生反" 的故事

王 君

俗话说，"靠山吃山，靠水吃水"。古老通俗的民谚在绿水青山就是金山银山的新发展理念中，被注入新的气息。

相传，"靠山"一词，原本出自安禄山篡唐的故事。唐玄宗非常宠信胡人安禄山，欲提拔他为宰相，后经人劝谏后，皇上才吩咐张洎毁弃诏书。张洎是安禄山的好友，很快把这件事告诉了安禄山。一次，张洎跟李白谈及了与安禄山的交往。李白直言不讳地说："胡人确有谋反之心，到时恐怕会连累你。你万万不可靠山，还是靠皇上吧！"张洎听从了李白的劝告。不久，安禄山果然起兵反唐，张洎深有感受地说："幸亏我没有靠山啊！"打那时起，"靠山"之说从此流传开来。

上方三面环山，是一处风光优美的风水宝地。面对"麻山高，后山低"的地形地貌，村民带着几分惋惜的心情调侃说上方的"靠山"生反了，这究竟怎么一回事？

众所周知，中国人十分讲究风水，是中国文化追求天人之际的精髓。古人讲究风水的目的是，使人与自然相和合，人适应自然，自然为人所用，顺其自然之情理，以达到"天人合一"的崇高境界。

"前有照，后有靠"，风水中讲究山明水秀、地灵人杰。宗祠选址经常与笔架山、聚星池等等具有文化含义的风水景观联系在一起，成为各个宗族永远的根基。造房子要找有"靠山"的，选阴宅的同样亦如此讲究。就连买条椅子，也要有"靠山"。椅子背也叫"靠山"，买椅子背，俗称买"靠山"，或许正因了这一层意思，椅子背还挺好卖。

在古代人的眼里，住宅风水的好坏，直接关系到"时代吉昌"或"门族衰微"，绝不能掉以轻心的。你看，北京故宫坐北朝南，背靠景山，前面有金水河环抱，中轴线与地球子午线重合，左右对称，可谓是上得天气，下得人气，形成一个"阴阳平衡，藏风聚气"的建筑格局。

古人多喜好坐北朝南的房子，其原则就是对自然现象的正确认识，顺应天道，得山川之灵气，受日月之光华，颐养身体，陶冶情操，地灵人杰。因此，古代把南视为至尊，而把北象征为失败、臣服。宫殿和庙宇都面朝向正南，帝王的座位都是坐北朝南，当上皇帝称"南面称尊"；打了败仗、臣服他人"败北""北面称臣"。

上方村约始于南宋庆元年间（1195—1200），距今已有 800 多年的悠久历史。文彬公是上方村的始迁之祖，他是古时候义乌地方上公认的一位品德高尚的贤士。读书甘苦，性淡泊。既以经义科，应浙漕免解进士。为确保子孙后代都能自食其力，文彬公与三个儿子在居家选址上动了不少心思，"门对麻山，背靠后山"就是告勉后世子孙勤能持家苦成材，靠人不如靠自己。正是在这样氛围下，上方人通过自己的努力，摇身一变成为远近闻名的"博士村"。

如今，上方人依然口口相传"如果麻山换后山，上方要出封疆大吏"的传奇故事。

商踪掠影

乌伤古县久负盛名的商踪脉络，在这深藏于山水田园之间的上方村中亦是有迹可循，概莫能外。

这里的乡民，除了传承与坚守着先人们祖祖辈辈流传下来的农耕技艺与传统文化之外，血液里同样流淌着与绝大多数其他义乌乡村人民一样的商业基因。

如今，上方村的『商踪』足迹已经历经了八百多年的风雨洗礼，从始迁之祖的『蓄时艺获』到现在一个个走出上方村，用勤奋与智慧发家致富乃至带动更多人『共同富裕』的商界成功人士，他们的传奇故事同样值得探寻与述说。

兄弟齐心点"砖"成金

黄 选

从八百年前，始迁之祖文彬公的两个儿子——方渥、方岳两兄弟"蓄时艺获，身先佣保"，开创了上方村一代"商业"传奇，到了 20 世纪 40 年代末 50 年代初，又有方氏一家四兄弟开办砖窑的故事，他们致富后兴造"十一间头"大宅，亦是成就了一段兄弟齐心、勤劳致富、开创美好生活的佳话。

在上方村的东北角，坐落着一栋占地近 400 平方米的民居老宅，村里人称之为"十一间头"。

这是一栋具有典型婺派风格的三合院老宅，正房坐北朝南，上下两层，有正房七间，两侧厢房一侧朝东一侧朝西各有两间，恰好合围成一个三合院落，俗称"一头钩"。宅内木雕装饰较少，木梁架、木门窗皆是不施油彩的白坯，外形平实，井然有序，没有过多的张扬，显示了主人务实求真、崇尚朴素自然的审美。

老宅布局由大小堂屋三间，卧室四间，厨房、厕所各一间和贮藏室两间构成，使用功能齐全，阴阳平衡，八卦无缺，动静搭配，布局科学合理，非常适用于一族几个家庭同灶而居，共享天伦。这间宅邸也从侧面反映了以往义乌农耕文明的简约、质朴和实用，内部格局体现了先民百姓长幼有别、敬天法祖等儒家思想的基本理念。

当我们走进这座老宅，静静地用目光逡巡着这朴实无华却又深深蕴含着老一辈工匠们的无穷智慧与匠造精神的"十一间头"，相信没有一个人的内心不会被震撼与折服。而这"十一间头"的主人，开办上方砖窑的方氏四兄弟，他们勤劳致富的传奇故事在这七十余年里依旧为上方村的老一辈们所津津乐道，传颂至今。

方氏兄弟四人，老大方元武，下面三个弟弟元文、元禄、元生，出身家境一般，识字也不多，都是地地道道的农民。与绝大多数农民一样，兄弟四个勤劳朴实，不但手足情深，更是同心同德。兄弟四人中老大方元武肯动脑筋，又具有开拓精神，老二方元文心细如发、精打细算，老三老四秉性敦厚，格外吃苦耐劳。但凡家中的活计，只要老大方元武带头，三个弟弟便紧紧跟随，做事有板有眼，正所谓兄弟齐心，

十一间的主人

207

其利断金，不管做什么都无往而不利。

20 世纪 50 年代初，当时 30 岁不到的方元武发现农村盖房用的砖、瓦等建筑用料极大，便萌发了建砖窑烧制青砖创业的想法。不同于如今的建筑用砖是机器制坯，煤炭烧制的红砖，自古以来，但凡提到古建筑，我国就有"青砖黛瓦"的说法，在七十多年前，人们盖房子用的就是这种密度大韧性硬度都极佳，但在烧制工艺上却十分费工繁复的青砖。

办砖窑要场地，要黏土，要棍柴，更要技术。四兄弟在老大元武的提议下一合计，决定先去畈田何村请来两个砖窑的大师傅，一个叫吴凤春，一个叫刘德海。

有了大师傅的技术支持，四兄弟开始放开手脚，老大方元武负责管理当家，老二方元文负责生产管理，老三老四则在两个哥哥的带领下做瓦做砖。砖窑就选址在上方村东北角的小山坡旁边，建造时从地下挖出一个很大的圆洞，40 平方米左右，下面开一个门洞，上面用砖拱个封闭室圆顶，最顶部留个一米多的圆烟囱孔。窑砖窑周围留了好多小四方烟囱孔通往底部，用来封顶囱时出烟，停火时灌水灭火用。

谈到开办砖窑时艰辛，如今依旧独居在"十一间头"老宅内，老二方元文的遗孀，已经 95 岁高龄的陈云，历数起往事还是记忆犹新：

砖瓦在烧制前，要先取土粉碎大块，过筛去除沙石杂草，摊薄浇水浸土，用脚踩成泥糊，做成干湿合适的砖坯，然后用长条状的砖模填土压抹成坯，接着起砖去模，搬离，垒垛，晒成干坯待用。做瓦用的泥土则很讲究，要用上好光滑的油粘泥，不然就做不出好瓦而且烧好后会有很多沙眼裂片。在制坯时，四兄弟最怕的就是阴天下雨，需要时时备好遮蔽雨水的草笘。

做好的砖瓦要晒得特别干才能进窑，砖堆在下，瓦摞在上。谈到摞瓦，也有讲究，要一层瓦一层谷壳，这样烧出来就不会粘在一起。烧窑时四兄弟就一起出动，把窑口旁边堆得像小山一样高的成捆成捆的木棍柴，用烧火叉举起从窑门口丢进去，连续烧个几天几夜。

说到这烧窑需要的木棍柴，四兄弟早就在上方村的山上包了一片松树林，自己砍伐，再将木棍柴挑回砖窑。据说兄弟四人曾一次肩挑山上的 1000 斤木棍柴回家，此事在村民中传为佳话。

与此同时，两个大师傅专门看火，火候不到砖烧不透，那就是碎碴，火候大则会把砖瓦烧得变形。师傅看着火候正好时，这才叫停火。把窑门用砖砌好再用泥封死，四兄弟则挑着水桶，担着水从窑顶部周围小烟囱把水灌进去，要灌很多水，把火彻底灭了产生蒸汽才能焖出好的青砖。最后把顶囱烟孔封闭，半个月后才可以开窑门出砖，这时拿起从窑里新出来的两块砖轻轻对敲，声音通通作响，浑身青溜溜的，这才是真正上好的青砖。

兄弟齐心，点"砖"成金。经过数年的辛勤努力，方家四兄弟终于发家致富，四人便在砖窑边耗资兴造了一座土木结构的"十一间头"大宅，四户人家幸福快乐地生活在一起，其创业的艰辛传奇与致富故事亦为村人们所称颂至今。

岁月流转，万象更迭，随着社会上大规模的建设如火如荼地开展，全国各地用砖量大增，一些地方兴建了机械化的红砖窑场，青砖繁复而低效的制作工艺逐渐为社会所摒弃，方氏四兄弟的青砖窑也就逐渐衰落荒废了。到了 20 世纪 70 年代，窑顶坍塌，彻底废弃，后来村里又在砖窑的原址上盖上了民房，上方村的砖窑至此终是消失在了历史的尘埃之中。

然而,95 岁的陈云老人依旧生活与守候在"十一间头"的青砖黛瓦之内，当有外来的探访者踏进这"十一间头"，还能聆听到古老的上方村里那一方青砖窑的故事。只是，终究有那么一天，讲述故事的人亦会消逝在那历史的长河中，唯有那静静矗立于上方绿水青山之间的"十一间头"，还会默默地述说着它的主人方氏四兄弟与上方村砖窑的历历往事。

从养蜂人到乡村共富带头人

黄 选

仿佛芙蓉箭镞形，色如鹤顶红如火。

聊将一粒变万颗，掷向青林化珍果。

每到五六月杨梅成熟时节，上方村的 300 多亩东魁杨梅就挂满了枝头，远远望去就像在一簇簇深绿和浅绿中点缀着紫红色的玛瑙，分外喜人，令人齿颊生津。看一眼就让人垂涎欲滴的杨梅引来了周边大批游客前来采摘游玩、拍照打卡，亦因此上方村的这片杨梅林成了后宅街道不折不扣的新晋网红打卡地。

杨梅林的开创者名叫方华弟，1956 年生人，是村里公认的致富能人。

然而要讲述方华弟的创业致富故事，首先还得从他的父亲方元智说起。

方元智出生于 1921 年，读过小学，育有 6 个子女，家里人丁兴旺，家境也颇为殷实。在 20 世纪四五十年代的义乌农村，尤其是家里人口多的情况下，很多家庭的生活其实是捉襟见肘甚至连温饱问题都只能勉强解决的，而方元智一家较为殷实的家境显然都得益于他为人勤劳肯干又聪明爱动脑子的优点。

村里一个有心人曾举过方元智精明强干的这么一个例子。

上方是一个传统的农业村，村里人大多就秉持先辈前人的耕种经验，种

210

植稻谷、小麦、红薯及糖梗等农作物，不会去做大的改革变通，而方元智则在仔细观察、精心计算后发现，一斗田（四分之一亩）可收稻谷 120 斤，第二熟种黑豆可收 30 斤，按市价计算，120 斤谷等于 84 斤米约收入 168 元，30 斤豆约收入 90 元，合计约 250 元，而种茭白一斗可收 200 斤共能收入 600 元，显然种茭白比种水稻合算。于是方元智就带着族人将小部分稻田改种茭白，并将收获的茭白挑到县城出卖，如此一来，一年的收入能比村里的其他人多上一倍有余。

枣园放蜂

方元智聪颖勤劳、善于观察改革的例子可不止这一个。比如当时上方村周边一带没有人种番茄，有些甚至都不认识番茄，方元智在考察计算后发现种番茄的收入更高，又引种了番茄，并带动了村里很多人增加了收入。

当时上方村养的都是土蜂，效益并不理想。方元智因为脑子活络、又有能力技术，把养土蜂改为养洋蜂，产出效益直接就增加了好几倍。

然而养蜂人的个中艰辛，当时读完初中后曾跟着父亲辗转全国各地养蜂的方华弟如今依旧记忆犹新。

养蜂人常年天南地北、四海漂泊、逐花而居，几乎大部分时间都在异地他乡，这就是养蜂人生活的真实写照。

"那时候，一顶帐篷、一口锅，外加一个铺盖卷，就是一个家。其实这都不算什么，最难熬的是夜深人静时的孤独。"谈起自己跟着父亲东奔西走时的养蜂经历，方华弟自有一番辛酸与苦楚。在帐篷里的生活，其艰苦是常人难以想象的，尤其在南方，气候闷热潮湿，帐篷里的水汽散发不出去，就像一个蒸笼。

方华弟最难忘的一件事是有次跟父亲去东北放养蜜蜂，当时他们租了一辆马车用来运输蜂箱，那天刚好碰到下大暴雨，倾盆大雨把土路都冲出了一条大水沟，而横流的雨水掩盖了水沟，一个不小心马车轮子就陷进了水沟里，马车随即倾斜翻倒在了路边，顿时蜂箱滑落在地。受到惊吓的蜜蜂一涌而出，直接就朝着拉车的马匹疯狂攻击，最终马被活活蜇死。马车车主是本地人，马上纠结了一帮子人把方华弟父子团团围住，要求赔偿，最后在当地公安机关的调解下才得以脱身。

像这样惊心动魄的事情其实还有很多，有时候好不容易赶到目的地，一场大雨把刚盛开的槐花全打落了，蜜蜂根本无花可采，可能十多天酿不出蜂蜜了，不仅没钱赚，连车费都挣不出来；有时候要赶花期，一年中要跑几十个不同的地方，基本都是一些人烟稀少的深山老林中，好多次在东北的老林中一待就是十多天。

少年时跟着父亲辗转各地养蜂的经历，磨砺了方华弟的胆略与意志，也造就了方华弟勤劳坚韧的精神，这些亦成为他日后创业道路上一笔宝贵的精神财富。

1984 年，随着改革开放的春风吹进神州大地，义乌的第二代小商品市场在城区的新马路开业了，通过养蜂有了一定积蓄的方华弟，拿着当时可以称得上是巨款的 2000 元人民币作为本钱，在市场上拿了一个摊位开始卖起"开司米"服装。当时他从宁波的慈溪、余姚等地拿货，生意特别好，往往早上把货拿到摊位上，下午就能全部卖完。当时方华

蜂板

弟拿货先是坐火车到宁波余姚，再坐三轮卡到慈溪的工厂，拿到货后因为当天没有返程的火车，就只能用担子挑着货物往回走，靠在路上拦顺风车回去。要是运气好等几个小时就能拦到一辆，运气不好走十几里路等到半夜，也拦不到一辆，有时候就算拦到，也可能只是到萧山的，还要挑着担子继续碰运气。就这样辛苦一年下来，方华弟直到现在还清楚记得，到了年尾一复盘，手头足足有现金 5800 元，赚了整整 3800 元人民币。

后来，方华弟又与人合伙承接工程项目，生意是越做越大，钱也越赚越多，成为上方村有名的致富能人。

1995 年开始，方华弟因为突出的个人能力与众望所归的威望，连续三届担任村里的村委委员，2004 年更是当选为村委主任。方华弟是富了，可当时的上方村尽管距离城区不远，但由于交通环境、地理位置、信息渠道等方面的制约，一直名不见经传。

村里上了年纪的人这样形容上方村的过去，晴天一身灰，雨天一身泥，外村的女儿谁都不愿意嫁到上方。一条泥泞窄小的砂石路是那时候上方村通到村外唯一的通道。而村内则垃圾遍地，池塘、小溪里的水发黑变臭，村民过着日出而作、日落而息的生活。刚刚上任的方华弟看在眼里急在心上，带领着村委班子成员，夜以继日地制订出台了一系列上方村的发展规划。

"要想富，先修路"，道路硬化排在第一位，但需要大量的资金，而村里当时的集体资金为零，面对这一矛盾，方华弟毅然决定先垫付资金，然后再向上级争取。为了节省开支，方华弟带头带领着村干部既当村民思想工作的指导员，又当铺路的泥水工，他甚至从自己的建筑公司里抽调员工，参与建设。

在以方华弟为首的村干部和上方村村民的共同努力下，上方村在短短的几年时间里先后完成了村内道路硬化、村庄绿化、池塘清淤改造、路灯亮化等工程，使得上方村的硬件设施走在了全市新农村建设的前列。

村民们的居住环境好了，村子更美了，可如何做才能让村民富裕起来？这才是方华弟最为关注并亟须解决的大问题。

上方村固然风景优美、环境宜人，可又如何将美丽风景转化为美丽经济呢？方华弟一直在思考着、探索着。经过实地调研和分析，他发现村里的荒山土质很好，非常适合引入种植作物，发展农旅项目。多方打听下，方华弟了解到浙江大学生产基地培育的东魁杨梅品种十分优良，个头大、果肉厚、甜度高，具有很好的经济效益，于是他率先将东魁杨梅引入上方村，通过承包荒山进行种植，300 亩的杨梅林一经成熟，近 4 万公斤的杨梅每年都能给村里带来几十万元的收入。

杨梅种植不仅改变了荒山的面貌，如此喜人的收益，也同步改变了村民的理念。在方华弟的热情带领和帮助下，上方村 40 多户村民陆续入股杨梅基地。

"村里这片荒山土质很好，荒废了那就太可惜了，看着也很不美观。通过种杨梅，不仅打响上方的名气，带动村民富起来，同时村里面的环境也更好了。"

一晃十几年过去，当年的小杨梅树变成了如今成片连绵起伏的杨梅林，曾经的荒山坡变成了现在鸟语花香的花果园，每天都会有大批的城里人来村里观光，慕名而来的参观考察团也络绎不绝。

上方村，成为一个名副其实的新时代美丽乡村。

从一个曾经跟着父亲辗转全国各地的养蜂少年，再到成为一个小有名气的致富能人，最后成为带领上方村振兴乡村经济、走向共同富裕的领头人，方华弟的脚步从未停止。

或许，这就是上方村中那位方氏始祖精神的传承与展现吧。

村子里的"做花郎"

黄 选

　　上方村自古以来就一直是一个传统的农业村，村民们日出而作日入而息，数百年来的农耕生活虽然古朴而恬静，可是除了少数头脑活络精明强干的乡村能人外，大部分的村民依旧是靠天吃饭，赖地穿衣，一年四季从头忙到尾也只能满足温饱。所幸时代的洪流浩浩汤汤，历史的车轮也是滚滚向前的，随着党的改革开放的春风徐徐吹进这个小山村，义乌市政府大力推行"兴商建市"战略举措，经济发展的浪潮终于也激起了上方人的创业热情。

　　上方村里的手工插花产业就是其中的一个创业亮点。

　　这个"手工插花"，插的可不是真花，而是用各种人造材料做的仿真花。通常用绷绢、皱纸、涤纶、塑料、水晶等制成的假花，或者用鲜花烘成的干花，业界泛称为人造花，或叫仿真花。如今的工艺，仿真花已经越做越好，几可乱真，除了仿造各种鲜花，还有了仿真叶，仿真枝干，仿真野草，仿真树等。据统计，我国每年花卉市场消费额达 540 个亿左右，这足以说明花卉市场蕴含着巨大的潜力与商机。随着近几年国际室内装饰业每年以 40% 以上的速度递增，仿真花一年的产业需求也在数百亿元，市场需求十分巨大。据说香港首富李嘉诚当初就是做塑料仿真花起的家。

　　据统计，目前上方村做手工塑料插花的有十几户上百人的产业规模。

　　当我们走进一户叫方国进的农户家中时，在他们一楼宽敞的厅堂内，十几名工人正在制作仿真花。这里有年轻的姑娘小伙，也有上了年纪的大爷大妈。据方国进介绍，年轻的一般都是外地云贵川招进来的务工人员，这些工人手脚麻利，按件计酬，多劳多得，一个月能挣到五六千的工资，而年纪大些的则是村里赋闲在家的村民，平时过来打打下手，赚点零用钱，一天也有几十元上百元的酬劳。只见工人们手起手落、串珠引线，不一会儿一束束手工花被他们的巧手编织得美艳动人。

五十多岁的方国进一家本也只是上方村里普普通通的农户，祖祖辈辈面朝黄土背朝天地从地里刨食吃，但到了方国进这一代，随着义乌小商品经济越做越强，波及范围越来越广，村里越来越多的人开始走出村子，投身到市场经济这一时代的洪流当中。

方国进最开始做的是纸糊袋的生意，或许是机遇未到，或许是运气不好，跟其他创业的同行相比，总觉得差点意思。一次偶然的机会，他去北苑街道的凯吉路送货，发现那边是做塑料仿真花工厂的集散地，一整条街都是仿真花工厂，这些工厂每天都会生产出大量的塑料花，需要为数众多的人手进行分类、修剪、黏合。方国进还发现这些塑料花材料均无污染或污染很小，而且材料的弹性大，可配合程度高、创意发挥余地大，同时形象逼真，生动活泼，完全能与种植的花草媲美，前景一定很好。于是他就试着从这些工厂里拿了半成品先给他们做插花加工，在摸清了全部工艺流程后，方国进开始自己进配件材料自己组装销售。后面是越做越顺手，手工插花的生意也越来越好。过了没几年，方国进就在义乌国际商贸城的 A 区一楼买了一个仿真花摊位，还在城里买了房。

在方国进的带动下，村里不少人都开始做起了手工插花的生意，并形成了一定的产业规模。

方国进常常说，他做的只是很小的小生意，跟那些走出村子做大生意的能人根本没法比。但是像方国进这样，用自己勤劳的双手编织出花团锦簇的美丽生活，让自己过上了富裕幸福的日子，不也是一种人生的成功吗？

山沟沟里走出来的弄潮儿

方 瑞

　　每当有人问起方杭瑞，你是义乌哪里人时，方杭瑞总是回答说："我是义乌山沟沟里走出来的。"

　　对于拼搏商海的人来说，山沟沟不是他们追求的地方，但是回忆起童年，山沟沟绝对是他们向往的地方。上方村山清水秀，村前一条小溪缓缓流过，村后一座后山郁郁葱葱，这里有着方杭瑞数不尽的快乐时光。

　　一方水土养育一方人。义乌是一个经商创业奋斗的好地方，这是义乌敢闯敢干的前辈奋斗出来的；义乌也是一个幸运的地方，能够勇立改革开放的潮头。老一辈的开拓精神让方杭瑞从小就在心中播下奋斗的种子。方杭瑞印象最深的是塘下村那些亲戚，他们较早开始在针织市场经商做生意，在他们身上展现了勤耕好学，刚正勇为，诚信包容的义乌精神。这些人就成了方杭瑞的榜样，在他读初中的时候就下定决心，长大后就要成为这样的人。

　　受亲戚们的影响，方杭瑞初中毕业以后便外出打工，19 岁开始办厂做生意，从袜子厂、饰品厂，再到后来的工艺品厂。方杭瑞心中那种信念的力量和强烈的追求，让他无所畏惧无往不前。

　　方杭瑞的一位挚友脑子比较活络，思想也前卫，他很早进入股市和期货市场，对方杭瑞的影响挺大，包括后来做商品期货，也是这位朋友为方杭瑞打开了思路。1998 年，在听说了许多股市神话后，方杭瑞也怀揣着梦想进入了股市，但梦很快就碎了。方杭瑞的父亲辛辛苦苦积攒的 5 万元，全赔在股市，包括方杭瑞做袜子生意赚的大半资金也都亏在了股市里。到了年底，诸暨的供应商要跟方杭瑞结账，没办法，只好把套牢的股票全部割肉用于清账，第二年就没有本金做生意了。

欣慰的是，父亲并没有责怪方杭瑞。5 万元对他来说太不容易了，那时候干活才几块钱一天，给别人爆米花，一角钱一次，就这样一角钱几块钱积攒下来的 5 万元，被亏光了，他一句埋怨的话都没有。父亲传递给了方杭瑞一种极大的精神力量，那就是勤劳。这成为方杭瑞可以受用一生的宝贵的精神财富。

在办工艺品厂赚到一些钱后，方杭瑞还是一直在摸索股票投资，到处买书看，见了书店就进去找这方面的书籍。就是在这段时间，方杭瑞养成了看书的习惯，一直到现在，方杭瑞还会给自己定下每年要看或听 100 本书的规划。后来遇到了 2007 年的大牛市，方杭瑞一年就赚到了比办厂更多的钱，自信满满的他想大干一场，可惜 2008 年的超级大熊市，又让方杭瑞亏得所剩无几。

2008 年，方杭瑞开始接触期货投资，因为只是学习的阶段，所以投入的钱不多，但还是一直在亏损，再加上股票的大亏，这个时候的方杭瑞状态非常不好，失眠，抑郁，对这个市场有点绝望，准备到年底再没有成果，就退出市场，回去做工艺品。

皇天不负有心人，就在这个时候，方杭瑞的投资有了突破性的进展，找准趋势，打蛇打七寸，在一个最佳的位置进场，就这样一个理论的突破，真正的期货之路从此展开。

方杭瑞的投资比较顺利，盈利100倍之前几乎没有回撤，规模很快做大。不过后来乐极生悲，大概在 2014 年的时候，方杭瑞的主观交易犯下错误，导致资金折损过半，客户资金也亏损 20%，自己的资金亏了无所谓，客户的资金亏了，给方杭瑞造成了巨大的心理压力。让方杭瑞意外的是，客户给了他无限的宽容和支持，还有交易所的领导也给了方杭瑞很大的支持。与此同时，还有一个很特别的朋友，他是一个作家也是企业家，格局很大，对方杭瑞的影响非常大，是他改变了方杭瑞的人生观，始终给方杭瑞传递乐观的力量。他对方杭瑞说，这点挫折不算什么，很多人在大成之前，都经历过或多或少的挫折。事实也是这样，每一次的失败与挫折都会让人得到提升，让投资上一个台阶。

如今，已经在商海搏浪小有成就的方杭瑞说，他非常感恩这个时代，感恩关心帮助过他的人，这份感恩之心，对他来说是最大的动力，使他始终保持一颗年少的心，去实践勤耕好学，刚正勇为，诚信包容的义乌精神，同样，这也是上方人的精神。

我与"义新欧"有个约定

黄 选

"义新欧"中欧班列的名气很大，在"一带一路"合作的大舞台中，展现了独有的义乌元素。近年来，"义新欧"作为浙江省响应"一带一路"倡议的重要载体，得到习总书记多次批示，发出了新丝绸之路铁路运输线上的隆隆回响。

殊不知，鼎鼎大名的"义新欧"却与一个上方村人有着千丝万缕的联系。他就是"义新欧"原运营公司——义乌市天盟实业投资有限公司的副总经理方旭东。

2022年仲夏，夕阳似火，晚霞如缎，傍晚的义乌铁路口岸，往来的集装箱车辆依旧川流不息，一节节整装待发的"义新欧"班列，就像俯卧在铁轨上的巨龙，随时准备腾飞向万里以外的欧洲大地。

望着眼前这一片欣欣向荣的景象，方旭东的思绪不禁回到了八年前，2014年11月18日那一天，当被称为古丝绸之路上的"新驼队"的"义新欧"班列，满载着82个集装箱标箱小商品，从义乌始发，奔向13052公里之遥的西班牙马德里市，迎着复兴的古丝绸之路，开启横贯亚欧大陆新的征程，在抵达最终的目的地——西班牙马德里时，方旭东分明看到了前来欢呼迎接的人群里，那几个白发苍苍的老华侨眼中渗出的晶莹的泪水。

那一天，方旭东兑现了他与"义新欧"的那个约定，而这仅仅是他新征程的开始。

说起来，方旭东不算是土生土长的上方村人，但他又是名副其实的上方村人。父亲方国荣是对他影响至深的一个人。

"做人要实在，要实干。"方旭东说这是他父亲常常跟他说的，也算是他家的一个家训。

父亲方国荣是从上方村走出去的第一个大学生，出生于 1935 年。方国荣 1955 年从义乌中学毕业，后考上上海的华东师范大学数学系。1959 年大学本科毕业，面临毕业分配时，方国荣主动要求前往最艰苦最偏远的边疆去，还专门向学校的党委书记写了申请报告。方国荣就是怀着一腔书生意气的热血，分配到内蒙古锡林郭勒盟的一个牧业机械化专科学校任教。方国荣在内蒙古的大草原上这一教就是 20 多年，直到 1982 年才带儿子方旭东回到阔别已久的家乡义乌，之后在东河中学担任副校长，一直到退休。

说到在内蒙古任教这么多年，印象最深的是什么时，方国荣笑着说："在内蒙古几十年，一直受不了那边的羊膻味，最想吃的还是义乌的白切羊肉。"

少年时的方旭东对家乡义乌的了解，都是通过父亲的讲述得来的。在他的印象里，家乡是一处静谧的江南小村，有细细的流水，窄窄的田埂，甘蔗很甜，可是家乡的人都过得很苦。在他幼小的心灵里，天地应该是广阔的，骏马就应该奔腾不止，他今后的世界也将是广阔无垠的，一如那锡林郭勒大草原一般。

1982 年，15 岁的方旭东随着父亲方国荣从内蒙古大草原回到江南小县城义乌，回到父亲魂牵梦萦了多年的乡梓之地上方村。对于出生在内蒙古的方旭东来说，见惯了草原的雄浑辽阔，义乌这座城给他的最初印象，是小而逼仄的，甚至于觉得有些破落。

然而，时代是发展的，事物也是不停变换的。谁会想到，也就短短的几十年，那个曾经的小县城会一跃成为全国乃至全世界都知名的"小商品之都"呢？自从义乌在经历过改革开放以及市场经济大潮洗礼后的一遇风云便化

龙，方旭东才越发觉得这方家乡热土的广阔与大有可为。

是的，在义乌这座充满商机的城市里，总是处处热潮涌动。

自小在内蒙古长大的方旭东，有着北方草原汉子直爽豪放永不服输的气质，又有着江南小伙细腻聪颖坚韧不拔的性格。1987 年方旭东从浙江工业学院毕业后，就进了国企工作，然而随着 1999 年改制浪潮的冲击，他就跑出来创业了。当时义乌市场蒸蒸日上，托运行业也随之水涨船高、如日中天，于是方旭东就瞅准了当时的这个风口，搞起了物流，包括货运与客运，同时通过自己的物流公司也做一些外贸生意。也就是在这时，他认识了日后开创"义新欧"班列雏形的另一个关键人物——义乌市天盟实业投资有限公司总经理冯旭斌。

冯旭斌是一个具有典型义乌特征与风格的成功商人，他开过书店卖过日用品，还摆过地摊，后来创办了一家市场投资公司，有着丰富的企业管理经验与敏锐的市场嗅觉，而方旭东是科班出身，高学历、脑子活络，既有着扎实的理论基础又有着丰富的实操经验。两人性格相近又志趣相投，理所当然地成了合伙人，开办了天盟实业投资有限公司。他们或许不知道，当时两人的合作，在不久的将来，居然会造就出一个颇具有开创意义的"义新欧"来。

2013年，习近平主席提出"一带一路"倡议，呼吁开辟交通和物流大通道，建立从波罗的海到太平洋、从中亚到印度洋和波斯湾的交通运输走廊。从新闻里看到习近平主席的倡议后，两人忽然萌发一个大胆设想：能否开行义乌至马德里的国际铁路货运班列？

当时最初的设想是，如果在义乌与马德里之间开行班列，既可以打通太平洋与波罗的海之间的陆路物流大通道，还可以打通太平洋与大西洋之间的陆路物流大通道。国内最早的中欧班列"渝新欧"已于2011年3月19日首发，但最远只能开到德国杜伊斯堡。如果将班列延伸至西班牙，必须途经法国。由于法国铁路工人罢工事件多发，开行途经法国的国际班列将面临诸多风险。在此之前，还没有一家中国企业敢开行途经法国的国际班列。

因此，当不少人听说天盟实业投资有限公司想开行义乌至马德里的班列后，都觉得这是"天方夜谭"。但方旭东与冯旭斌两人并没有放弃。通过市场调研，他们发现每年从义乌发往欧洲的货物超过10万标箱，相当于1000列班列的运输规模。如果能从中分享10%的货源，每年需要开行100列班列，这足以支撑起一条全新的中欧班列线路。更重要的是，作为欧洲最大的小商品集散地，马德里市场上的很多小商品是从义乌采购的。

充足的货运市场需要，再加上习近平主席提出的"一带一路"倡议，天盟实业投资有限公司更加坚定了开行"义新欧"的决心和信心！

尽管开行"义新欧"的理想很丰满，但现实依然很骨感。由于很多人不理解、不支持，加上开行"义新欧"的确面临诸多困难，前期筹备工作进行得十分艰辛。

"由于义乌小商品市场集散地的特殊性，运输货物的构成相对复杂，有些时候一节列车就像一个小型超市，这给列车过境申报、检验带来了很大的困难。另一个方面，民营企业经营铁路运输此前甚少，可借鉴的经验也是少之又少。"谈起初建时的困难，方旭东仍然满是感慨。

比如，在班列线路规划方面，需要获得沿线各国海关、铁路公司等相关部门的批准。由于这是一项开创性的工作，之前没有先例可借鉴，审批工作困难重重，甚至一些国家的相关部门对天盟公司的实力产生怀疑。有一次，需要约请一位外国政府部门负责人见面，商谈开行"义新欧"的事，但约了一个多月对方仍不愿意见面。

开行"义新欧"必须要有货源。之前，义乌发往马德里的货物大多选择海运方式。为了让欧洲的客户尝试用"义新欧"运货，他们只好远赴欧洲多个国家寻找客户。每到一个国家，都要四处打听哪里有小商品批发市场，然后找上门，一户一户向市场里的华侨推销"义新欧"，苦口婆心地介绍"义新欧"的各种优势。华侨们不了解"义新欧"，担心班列运行不畅造成货物损失，他们就跟华侨们签订"损一赔二"合同。

在公司的积极争取和相关部门的帮助下，开行"义新欧"的相关计划逐级上报国家相关部门并获得支持。但由于该班列涉及多个沿线国家，前期筹

备工作依然面临各种困难。

"一定要让我们的火车开进马德里。"方旭东暗暗下定决心，这也是他与"义新欧"的一个约定。

转机出现在 2014 年 9 月 26 日。这一天，习近平主席在北京人民大会堂会见来访的时任西班牙首相拉霍伊时，亲自推介"义新欧"。之后，在两国领导人的共同关心下，"义新欧"的前期筹备工作稳步推进，并于当年 11 月 18 日首发。

如今，义乌已有先后开行至马德里、德黑兰、俄罗斯、阿富汗、拉脱维亚、伦敦等的货运班列。随着中欧班列的常态化运行，一条便捷高效的陆路贸易通道也随之建成，古丝绸之路的繁华盛景再次呈现。

"义新欧"是义乌践行国家"一带一路"倡议和对外开放的重要载体，更是义乌"无中生有"的又一个创新奇迹。

漫漫古道，经风沐雨，历久弥新。2100 多年前，张骞出使西域开拓丝绸之路；如今，条条铁轨铺就中欧互鉴共荣之路，而方旭东与"义新欧"的约定，也终在马德里实现。

后 记

传承地域文化，寻觅乡土之魂。

上方是义乌红色的起点；上方，是义乌的革命圣地；上方，是星火燎原的地方；上方，是一片镌刻着红色记忆的土地。

只有正确认识历史，才能更好地开创未来。在中国共产党成立100周年之际，上方村为把红色资源利用好，把红色传统发扬好，把红色基因传承好，让更多的人了解那段光辉的历史，铭记先辈的光荣事迹，珍惜来之不易的幸福生活，在义乌市文物局和后宅街道的大力支持下，积极发挥社会力量，修缮了进士第，建成了上方村红色教育基地，并诚邀市志办、党史办、市文联、市档案馆等单位参与指导，整理挖掘传统文化和历史资料，编辑出版《走进上方》，通过文字代代传承发扬下去，作为一种重要的文化旅游资源。

为了全方位多视角解读上方村的悠久历史，我们组织骨干力量参与采访，深入村庄走访村民、查阅宗谱、遗址考证等，来解读历史档案中渐行渐远的那些风华岁月中无数印记，设置了"历史沿革""红色上方""人物风流""古建遗韵""古村胜景""故乡情怀""民俗风情""美食特产""乡间轶闻""商踪掠影"等栏目，落实责任编辑，精心谋划，丰富厚重的历史文化内涵，让更多的人记住乡愁。

在此，衷心感谢后宅街道为本书的总体编辑出谋划策，感谢村两委、老年协会、灯头会等对编写工作的重视，多次召集相关人员座谈交流，提供了大量线索资料，不断挖掘整理使本书内容更加丰富而饱满，还要感谢众多乡贤百忙之中为故乡情怀书写，党史研究室傅健提供大量村史素材，吴江鸣、吴优赛等拍摄了大量照片提供选用，江泽虹审阅书稿后提出修改建议，特别要感谢原村主任方华弟的无私奉献，花费了大量的心血，不断收集材料补充完善，认真校对，正是他的热心、诚心、恒心，不辞艰辛，感动社会各界积极参与，最终圆满完成。还要感谢方元华、方明生、方汪宝、方锦洪、方锦良、方朱福等，在采编过程中给予的支持和帮助。

　　由于编者学力、见识所限，加之编纂时间仓促，书中不免有些错漏或疏忽之处，恳请广大读者见谅及指正。

编者

2023 年阳春